学前教育新形态教材

# 家园社合作共育

主　编　吴展映　黄　胜　陈世军
副主编　王宏椅　龙　涛　赵　茜　荀照欣　潘家财　苗靖坤
编　委　文永治　黄　宾　岑佳勇　潘仙江　罗家金　韦明山
梁厚亚　杨丽光　汪　文　梅宗美　周治宏　简　红
邓　先　刘　英　常青青　汪　蓉　罗　蕾　伍成红
杨德美　王　丹　赵元嫱一

西南大学出版社
SWUP
国家一级出版社　全国百佳图书出版单位

图书在版编目(CIP)数据

家园社合作共育 / 吴展映, 黄胜, 陈世军主编.
重庆 : 西南大学出版社, 2024. 6. -- ISBN 978-7-5697-2355-7

Ⅰ. G61

中国国家版本馆CIP数据核字第20244SJ965号

家园社合作共育

JIA YUAN SHE HEZUO GONGYU

主 编 吴展映 黄 胜 陈世军

总 策 划:杨 毅 曾 文
执行策划:熊家艳 尹清强
责任编辑:杨景罡
责任校对:曾 文
装帧设计:魏显锋
排 版:江礼群
出版发行:西南大学出版社(原西南师范大学出版社)
地 址:重庆市北碚区天生路2号
邮 编:400715
电 话:023-68868624
印 刷:重庆紫石东南印务有限公司
成品尺寸:185 mm×260 mm
印 张:12.75
字 数:244千字
版 次:2024年6月 第1版
印 次:2024年6月 第1次印刷
书 号:ISBN 978-7-5697-2355-7
定 价:58.00元

# 序

学前教育是终身教育的开端，关系亿万儿童的健康成长、千家万户的切身利益、国家和民族的未来。百年大计，教育为本；教育大计，教师为本。促进学前教育健康发展，关键在于建设一支高素质的幼儿园教师队伍。2018年中共中央、国务院出台的《关于全面深化新时代教师队伍建设改革的意见》指出："教师承担着传播知识、传播思想、传播真理的历史使命，肩负着塑造灵魂、塑造生命、塑造人的时代重任，是教育发展的第一资源，是国家富强、民族振兴、人民幸福的重要基石。"

培养高素质的幼儿园教师，加强课程和教师队伍建设是基础。2019年国务院印发的《国家职业教育改革实施方案》提出了完善国家职业教育制度体系、构建职业教育国家标准、建设多元办学格局等一系列的任务。其中，教材是育人之纲，是改革的基础，是教师实施教学改革的重要载体和有效途径。教育部等九部门印发的《职业教育提质培优行动计划(2020—2023年)》强调，实施职业教育"三教"改革攻坚任务，要完善职业教育教材规划、编写、审核、选用使用、评价监督机制。2021年教育部办公厅印发的《"十四五"职业教育规划教材建设实施方案》强调教材建设的权威性、前沿性、原创性，要打造培根铸魂、启智增慧、适应时代要求的精品教材。当前，学前教师教育教材虽然品种丰富，但是随着国家政策的调整、职业教育理念的变化及学科的飞速发展，在一定程度上存在理念落后、体系陈旧等问题。例如，以学科为中心的理论教材过剩，传统纸质教材过剩，多媒体融合的新形态教材缺少，等等。在此背景下，我们设立课题组，组织学前师范院校的知名专家学者、中高职院校一线教师、幼儿园园长及一线教师编写了这套学前教育专业"中高协同"融通教材。从总体上来看，这套教材有如下特点：

**一是坚持立德树人，强化课程思政。**

本系列教材的编写坚持立德树人根本任务，厚植爱国情怀，以铸就师德师魂，培养适应新时代社会发展需要的卓越幼儿园教师为目标。教材内容的选择充分体现了社会主义核心价值观，突出了学前教育在国民教育中的基础性作用。

**二是全面研究设计，系统规划建设。**

从研制人才培养方案着手，研究确定了人才培养要求、专业课程设置和课程标准，以及配套的课程教学资源与课程试题库、幼儿园教师资格考试试题库。

**三是做实产教融合载体。**

党的二十大报告指出："教育、科技、人才是全面建设社会主义现代化国家的基础性、战略性支撑。"教材内容融合了《幼儿园教育指导纲要（试行）》、幼儿园教育活动基本理论以及幼儿教师教育教学活动的实践经验，切实增强教育教学的适应性，落实产教融合。

**四是实用性好、可操作性强。**

本系列教材以幼儿园教育活动基本理论为基础，面向幼儿园教育活动实践，提供了大量教育活动设计的案例及评析，强调实用性及可操作性。

**五是混合式教学。**

本系列教材除课堂教学设计丰富以外，还加入了微课视频资源，以二维码的形式呈现在相应的知识点旁，增强了教材的趣味性，有助于学生直观、深刻地理解学习内容，更便于教师开展信息化教学，符合当前教育教学创新改革的要求。

本套教材的编写汇集了全国范围内学前教育领域的多位专家、学者、一线名师等，编写者们不辞辛苦，反复研讨，精心打磨。尽管如此，本书仍然存在一些不足，学术上的追求永无止境，我们将不懈努力，不断修正、充实与完善相关内容。我们衷心希望这一课程思政背景下的中高协同系列教材的问世，能够为当前转型期幼儿保育专业及学前教育专业的相关院校课程改革与教学工作助力，为我国幼儿保育、学前教育人才队伍建设做出应有的贡献。

# 前言

幼儿教育内容广泛，按照幼儿学习活动的范畴可划分为健康、社会、科学、语言、艺术五个方面。这五个方面的内容都以发展幼儿的知识、技能、情感等为目标。综合的培育，需要综合各方力量共同参与，幼儿园教育需要幼儿园、家庭和社区共同完成。构建幼儿园、家庭、社区三位一体协同育人理念，营造积极健康的幼儿成长环境，有助于促进幼儿的终身学习与发展。本书以《幼儿园教育指导纲要(试行)》为蓝本，将学前教育理论与实践相结合彰显幼儿园、家庭、社区合作协同育人理念，立足区域实际，走出资源局限，冲出教育孤岛，构建协同模式，开展育人新路径；为实现幼儿园、家庭、社区协同共育，促进区域幼儿整体发展，提供具有启发性、针对性、可操作性的教育模式参考。

2021 年，中共中央办公厅、国务院办公厅《关于推动现代职业教育高质量发展的意见》指出"一体化设计教育人才体系，推动各层次职业教育专业设置、培养目标、课程体系等"成为我国现代教育体系改革的重要目标与未来人才培养方向。为此，《家园社合作共育》应运而生，相较于市面上的同类教材，本书具有以下几个特点：

第一，内容科学全面。充分考虑到当前职业院校学生的实际发展水平及将来从事幼儿园教育实践的需要，在内容的编写上紧密联系幼儿园的实际，将丰富的理论知识与实践活动相结合。

第二，案例形象生动。为了增强学生学习兴趣，结合各任务的内容，在每个任务中插入拍摄的有关活动的实景照片及视频。

第三，针对性强。教材立足于培养目标，不仅将素、知、能及思政元素融入其中，还将家、园、社教育视为教材三个核心要素纳入教育教学全过程，既有利于培养学生树立大教育观、人生观、价值观和世界观，又有利于学生在今后的教育实践中适应教育前沿发展。

本教材在编写过程中参考、借鉴了许多国内外同行的研究成果，在此表示感谢。由于编者的水平有限，教材中还存在诸多不完善之处，望通过教材的使用进一步集结同行的智慧和经验，以便不断改进和完善。

# 目录

CONTENTS

目录
CONTENTS

# 项目一

# 家园社合作共育理论基础

## 学习目标

### 知识目标

1. 了解家庭教育的内涵、地位和作用；
2. 了解幼儿园教育的含义及内容；
3. 了解社区教育的形成、含义及家园社合作的相关政策文件。

### 能力目标

1. 能用家园社教育基础理论指导开展教学活动；
2. 能够根据家园社合作共育内涵提出相应的合作策略。

### 职业素养目标

1. 理解和践行中国传统文化中的家庭观念；
2. 树立正确的家园社合作共育教育观。

## 学习重难点

### 学习重点

1. 了解中国家庭教育变迁，比较中西方家庭教育方式的利弊；
2. 掌握构建家园社合作共育的路径。

### 学习难点

1. 根据相关文件提出构建家园社合作共育的路径；
2. 如何解决家园社合作共育的现实困境。

## 思维导图

- 家园社合作共育理论基础
  - 家庭教育
    - 家庭教育的含义
    - 家庭教育的性质
    - 家庭教育的地位和作用
  - 幼儿园教育
    - 幼儿园教育的意义及任务
    - 幼儿园教育的内容与要求
  - 社区教育
    - 社区教育的定义
    - 社区教育的形成
  - 合作共育
    - 家园社合作共育的内涵解读
    - 家园社合作共育的现实困境
    - 提升家园社合作共育质量的策略

# 任务一

# 家庭教育

## 任务目标

1. 能正确把握家庭教育的定义和家庭教育的性质。
2. 能说出家庭教育的地位和作用。

## 任务准备

1. 根据课程教学内容要求，提前阅读中国不同时期的家庭教育及作用相关资料。
2. 查阅、收集、整理家庭教育基础知识，做好课前学习分享。

## 工作表单

### 工作表单1

**思考总结**

你理解的家庭及家庭教育概念；中国家庭的历史演变及性质；家庭教育的社会地位和作用。

## 工作表单 2

**查阅资料**

填写下列中国家庭历史演变及教育情况表。

| 家庭 | 所处时期 | 家庭教育 |
|---|---|---|
| 群婚制 | | |
| 血婚制 | | |
| 伙婚制 | | |
| 偶婚制 | | |
| 一夫多妻制 | | |
| 一夫一妻制 | | |

## 学习支持

家庭是人的第一课堂，也是终身的学堂。纵观人类教育史，父母是儿女的第一任教师，也是终身的教师。国民教育的平台是靠家庭教育、学校教育、社会教育三大支柱支撑的。现代的学校教育、社会教育都有法律的规范、科学的指导、现代技术的支持，而家庭教育仍然是以经验教育为主。

微视频：
《家风　家训　传美德》

家庭教育在孩子的成长中起着奠基的作用，苏联著名教育家苏霍姆林斯基曾经强调："没有家庭教育的学校教育和没有学校教育的家庭教育，都不可能完成培养人这一极其细致而复杂的任务。"这说明了家庭教育在孩子的成长过程中是不可缺少的。

### 一、家庭教育的含义

学者认为家庭教育的含义有广义和狭义之分。

#### （一）广义的家庭教育

广义的家庭教育是指家庭成员之间在日常生活、学习、情感交流等活动过程中的行为习惯、伦理观念、道德行为等的相互影响。如：父母或其他年长者对孩子施教，父母之间、兄弟姐妹之间相互交流都是相互作用、相互影响的教育。事实上，家庭成员相互影响、相互教育的现象在家庭教育中时有发生。美国社会学家玛格丽特·米德在《文化与承诺》一书中提出“前喻文化”“并喻文化”和“后喻文化”三个概念。“前喻文化”是指晚辈要向长辈学习；“并喻文化”是指晚辈和长辈的学习都发生在同辈人之间；“后喻文化”是指长辈反过来向晚辈学习（见图1-1-1）。近几十年来，随着网络化、信息化、全球化的迅猛发展，人们已经进入“后喻文化”时代，家庭中孩子教父母的“后喻”现象越来越普遍。子女在以自身特点接受父母教育的同时，也会给父母的观念、行为等带来影响。教育过程中父母与子女之间、长者与年幼者之间意见分歧、情感交流和行为习惯等都是双向互动的。

图1-1-1 “前喻文化”和“后喻文化”

## （二）狭义的家庭教育

狭义的家庭教育是指在家庭生活中，父母或其他年长者自觉地、有意识地对未成年子女或其他年幼者实施的教育和影响。这一界定表明：第一，家庭教育的教育者主要是长辈；第二，受教育者主要是晚辈。

我们应该如何正确地把握家庭教育呢？

《中华人民共和国未成年人保护法》明确规定，父母或者其他监护人应当学习家庭教育知识，正确履行监护职责，抚养教育未成年人。也就是说：家庭教育最大的特点是潜移默化。父母对孩子的抚养、教育职责义不容辞，也无可替代。家长主要通过以下几种方式教育子女：一是言传，即讲道理提要求，告诉孩子该怎么做，为什么要这样做；二是身教，即施教者身体力行，为孩子做出榜样，树立自己的威信，增强教育效果；三是营造良好的家庭环境，家长尽量为孩子营造一个好的学习及成长环境，充分发挥家庭潜移默化的教育作用；四是充分考虑家庭成员的相互作用和影响。

## 二、家庭教育的性质

家庭教育的性质就是家庭教育区别于其他教育形式的根本属性。家庭教育有别于其他社会组织，有着不同于学校教育和社会教育的特定属性。

### （一）家庭教育是一种私人性质的教育

从教育活动的实施形式来看，主要有两种不同性质的教育。一种是私人性质的教育，一般指在家庭中家长私人实施的活动；另一种是社会性质的教育，是在社会中通过设立学校或其他教育机构来实施的教育活动。

学校和其他社会教育机构都是以“为社会提供教育服务”为宗旨的。教育者和受教育者之间仅是教育和受教育的关系，一般不存在血缘关系。这种教育既不是为了教育者个人的切身利益，也不是完全按照教育者个人的主观意志去实施。不管教育机构的举办者是个人、社会团体还是政府组织，也不管是收费的还是免费的，都必须接受国家公共权力的管理和社会的监督（尤其是来自教育对象及其家长的监督），而不能自行其是。

家庭教育则不同，它是在家庭内由家长实施的个体行为，有很强的独立性和自主性，属于典型的私人领域。家庭中的教育者与受教育者之间首先是一种血缘和依附关系，其次才是教育和受教育的关系。在家庭中，究竟对子女实施什么样的教育，如何进行教育，要把子女培养成什么样的人，家长有很大的自主权，社会和他人教育只是采取一定方式进行宣传、渗透和引导。

当然，我们说家庭教育是私人性质的教育，并不是说家庭教育完全独立于社会之外。相反，家庭是社会的“细胞”，社会政治、经济和文化的变革必然通过各种途径渗透到家庭生活中，影响家庭教育的实施。尤其是在现代社会，家庭教育成为国家教育事业的重要组成部分，国家和社会对家庭教育的干预呈现不断增强的趋势。

### （二）家庭教育是一种非正规的教育

从教育活动实施的组织形态看，教育也分为两大类，一类是有严密组织的正规教育，另一类是没有严密组织的非正规教育。

正规教育以学校和幼儿园的教育最为典型，有专门的组织机构、有受过训练的专门教育者，是一种有组织、有计划、有目的、有系统、有考核、有统一标准的教育。家庭教育则不同，家庭不是专门的教育机构，家庭教育不是有组织、有严密计划的教育；家长一般未经过教育方面的专业训练，也不是专职的教育者，只要生育了孩子，家长自然就成了教育者；家庭教育的目的、内容没有统一的要求，要把子女培养成什么样的人，主要由家长主观决定；家庭教育没有固定的模式、固定的地点和时间，通常是寓教育于我们的日常生活中。对儿童而言，他们主要是通过模仿来进行学习，即使父母本身并没有意识到，那种潜移默化的影响也是客观存在的，而且这种影响具有深刻性、广泛性和永恒性。

### （三）家庭教育是一种持续终身的教育

从教育实施过程的持续时间的长短来说，教育可以分为阶段性教育和终身教育两类。一般来说，学校教育是通过正规教育途径向学生提供的与知识有关的阶段性教育，社会教育是与学校教育和家庭教育并行的影响人身心发展的各阶段教育，而非终身伴随教育。如：幼儿园、小学、初中、高中、某一社会活动等都是短暂的阶段教育。

家庭教育则不同，它是一种稳定的持久性教育。通常来说，家长不变，家庭成员不变，教育模式就具有稳定性和持久性。孩子每天都和父母生活在一起，朝夕相处，受到长辈或家庭其他成员的影响和感染。因此，家庭教育对孩子造成的影响具有连续性和永久性。

## 三、家庭教育的地位和作用

家庭教育自古以来就受到人们的关注，中国学者对家庭教育的研究大致分为四个阶段：原始社会家庭教育、古代社会家庭教育、近代社会家庭教育和现代社会家庭教育。中华人民共和国成立后的30年，由于各种原因，家庭教育研究基本上处于空白状态，有关家庭教育理论与实践更多的是传统家庭教育的经验延续。20世纪80年代以后，国家政府部门及相关机构的参与和重视促进了家庭教育的发展。1996年颁布的《全国家庭教育工作“九五”计划》、2002年制定的《全国家庭教育工作“十五”计划》、

2007年制定的《全国家庭教育工作“十一五”规划》、2010年发布的《全国家庭教育指导大纲》，尤其是2022年开始实施的《中华人民共和国家庭教育促进法》等，使家庭教育被作为一种学科进行研究而迅速发展。家庭教育影响着人一生的发展，而且在社会发展进程中起着强大的推动作用，为此，了解家庭教育的重要性十分必要。

### （一）家庭教育对人的终身发展起着奠基作用

从孩子呱呱坠地的那天起，父母就肩负起了教育孩子的重任。婴幼儿时期是人一生中发展的奠基时期，是身体、智力迅速发展的时期，也是品德、性格开始形成的重要时期。婴幼儿兴趣广泛，对周围的一切都充满好奇，善于模仿，有很强的吸收能力，有惊人的学习能力和记忆力。家庭环境对儿童发展影响最大，它是塑造孩子健康人格的第一环境，是孩子的第一所学校。家长是孩子最初的老师，父母的一言一行、一举一动都直接影响着孩子，在他们的心灵上留下深刻的烙印，很难消除。

孩子在入学前，绝大部分时间都是在家中度过的，入学后每天仍有2/3的时间生活在家里，再加上双休日、寒暑假，与父母在一起的时间远远超过在学校的时间。即使孩子长大成人走入社会，独立生活，其思想、行为习惯依然直接或间接地受着家庭的影响。从古至今，无数杰出人物和优秀人才的成功都与其良好的家庭教育有关，家长对孩子的成才起着强大的推动作用，如：中国孟母三迁故事中的孟子、东晋著名书法家王羲之、家教为“不教而教”的钱学森、中国近代思想家梁启超，美国大发明家爱迪生、出生于德国的物理学家爱因斯坦、德国文学巨匠歌德等，他们的成功都与其父母优良品德的熏陶和循循善诱的教导分不开。

家庭教育是内容最广泛的教育，从最基本的生活本领到劳动、文化、社会交往、人情世故等，凡是家长掌握的知识和社会经验，都会毫无保留地教给孩子。当然，家庭教育中最主要的是思想道德教育和良好习惯的培养。正是这种广泛的、内容几乎无所不包的教育，为孩子接受学校教育和社会教育打下了坚实的基础，它们互相促进，推动着孩子不断成长和进步。

家庭教育的根本任务是育人，它担负着促使孩子不断实现社会化的责任。刚出生的婴儿，对其生活的社会一无所知，他们对社会的认知是从对父母的认知开始的。他们在父母的教育与抚养下，逐渐学会了说话、走路、穿衣等最基本的技能，逐渐认识了自己、父母和周围其他人，并在认识中学会了交往的基本技能，掌握了生活起居的传统习俗，获得了最初的生活经验、社会知识和行为规范。孩子总是通过父母的言行来认识和评价周围的世界，社会意识往往也通过家庭的折射进入孩子的心灵。正是靠着家庭教育，孩子才逐步认识了自己生活的社会环境，逐步懂得了一些最基本的社会规范，逐步实现了由生物性的生命个体向社会性的人的转化。所以说，家庭是孩子认识世界的起点，也是孩子进入社会的桥梁。

### （二）家庭教育是国民教育体系的重要支柱

国民教育由家庭教育、学校教育、社会教育三大支柱构成。从三者的关系来说，它们的教育目标都是把儿童培养成为有理想、有道德、有文化、有纪律，德、智、体、美、劳全面发展的有用人才。但它们又有不同的特点，其任务也各有侧重。一般来说，学校教育有严格的目的性、计划性和系统性，教育标准高、要求严、分量重，儿童必须经过积极努力，才能取得较好的成绩，具有一定的艰苦性。社会教育不同于学校教育，它内容丰富，形式多样，题材广泛，富有感染力，容易接受，一般可由儿童自由选择。但它缺乏系统性，没有严密的组织，某些方面的内容有善有恶，影响有好也有坏。

家庭教育则是学校教育和社会教育的基础，孩子入学前的家庭教育非常重要，父母的言传身教会对孩子产生潜移默化的影响。如果父母养而不教，那么孩子将失去最佳的受教育期；如果父母予以不良的影响，使孩子养成不良的行为习惯，那么入学以后，学校要付出极大的努力才能纠正孩子不良的行为习惯。

在孩子入园、入学后，有的家长认为，孩子只要由学校教育就可以了，于是把教育孩子的责任全推给学校，放弃了自己应承担的责任，这是极其错误的做法。诚然，学校（幼儿园）是党和国家按照社会主义建设事业的需要，有目的、有计划地培养人的专门场所，又有经过专业训练并懂得心理学、教育学的教师执教，因而在整个培养人的系统工程中，学校（幼儿园）教育起着主导作用，这是不容置疑的。但这绝不能说明，仅靠学校（幼儿园）教育就能完成培养人的任务，它还需要其他教育，特别是家庭教育的紧密配合和尽力合作。

比起一个教师面对几十个孩子，父母只面对一两个孩子，在时间上和精力上都具有优势。父母可以及时有效地对孩子进行教育，其对孩子教育的权威性，往往是学校（幼儿园）教师难以替代的。孩子越是幼小，就越听父母的话，父母对孩子的影响也就越大。在现实生活中，教师对孩子的正确教育一旦得到家长的全力支持，实施起来就会特别顺利；而当家长反对或不赞同时，则难以奏效。这说明了学校教育必须取得家庭教育的支持。如果“各吹各的调”，互相矛盾，教育力量就会抵消，甚至使孩子无所适从。这就如同几个人一同雕刻一件大理石作品，由于缺乏沟通，都按自己想法，你凿一下，我凿一下，要不了多久，这块大理石就会成为一堆废料。教育孩子也是同样的道理，只有各方面力量协调一致，形成一股强大的教育合力，才能取得最佳的教育效果。

### （三）家庭教育是推动社会文明进步的重要力量

家庭教育关系着国民素质的高低、国家的兴衰。孩子是祖国的未来，是社会主义的建设者和接班人。古代学者早就把家庭教育与国家联系在一起了。孟子说："天下之本在国，国之本在家，家之本在身。"统治者为了达到"治国"的目的，首先强调"治家"，把"治家"作为"治国"的重要前提条件。古代儒家经典著作《礼记·大学》中说道，"古之欲明明德于天下者，先治其国；欲治其国者，先齐其家"，又说"家齐而后国治，国治而后天下平"。就是说，国家就像一个完整的有机体，家庭就是一个个"细胞"，每个家庭都按统治者规范要求治理好了，国家也就健康、安定了。

国外学者同样很重视家庭教育与国家的关系。德国教育家福禄贝尔说："国家的命运与其说是掌握在当权者的手中，倒不如说是掌握在母亲的手中。"这句话很有哲理性，它深刻地表明了家长在教育子女中所起到的重要作用。苏联教育家马卡连柯说："父母对子女所负的责任是他对社会所负的责任的一种特殊形式。"他还说："现今的父母教育子女，就是缔造我国未来的历史，因而也是缔造世界的历史。"著名教育家苏霍姆林斯基也曾经说过，父母是创造未来的"雕塑家"，儿童的"基石"是由父母的双手奠定的。

《中共中央国务院关于进一步加强和改进未成年人思想道德建设的若干意见》指出，"实现中华民族伟大复兴，需要一代又一代人的不懈努力。从未成年人抓起，培养和造就千千万万具有高尚思想品质和良好道德修养的合格建设者和接班人，既是一项长远的战略任务，又是一项紧迫的现实任务"。随着社会的进步，家庭教育担负的培养人的使命更加重要、更加艰巨。可以说，社会的和谐发展有赖于家庭教育职能的充分发挥，家庭教育的成败关系到社会的基础是否牢固。家庭教育是社会发展的需要，家庭教育的好坏，已不是一家一户的小事，而是关系到社会发展、民族兴亡的大事。引导、促进孩子的全面发展、健康成长，把他们培养成为21世纪的有用人才，既是每位家长的神圣职责，也是家长们对社会、对人类的特殊贡献。

联合国将1994年定为“国际家庭年”，强调家庭在现代文明社会中要发挥提供资源和承担责任的特殊功能，强调家庭对于养育、教育下一代的重要作用。“国际家庭年”的指导思想和活动主题已得到了各国的普遍认同。2011年，国务院颁布了《中国儿童发展纲要（2011—2020年）》，在儿童健康、教育、法律保护和环境四个领域提出了儿童发展的主要目标和策略措施。十多年来，国家加快完善保护儿童权利的法律体系，强化政府责任，不断提高儿童工作的法治化和科学化水平，我国儿童生存、保护、发展的环境和条件得到明显改善，儿童权利得到进一步保护，儿童发展取得了巨大成就。

# 任务二

# 幼儿园教育

## 任务目标

1. 能简要概述幼儿园教育的意义及任务。

2. 能熟知幼儿园教育的主要内容及相应要求，并组织相关教学活动。

## 任务准备

1. 准备相关幼儿园教育学习支持资料，熟悉幼儿园教育意义及任务。

2. 到幼儿园与一线教师进行交流学习，收集幼儿园教育实践案例。

## 工作表单

### 工作表单

**案例分析**

有人认为幼儿园教师从事的教育工作是高级保姆，就是陪孩子唱唱歌、跳跳舞，管好幼儿吃睡，都是保姆能做的简单易行的事。如果你是幼儿教师，你会怎么回答？

你认为幼儿园教育的意义是什么？内容及任务是什么？

## 学习支持

幼儿园教育是针对3—6岁的儿童进行的教育，也是对每位幼儿进行阶段性的学校教育，这个学段是幼儿承上启下的关键。幼儿园教育职责重大，任务艰巨，为幼儿良好习惯的培养、正确辨别事物能力的提升，以及未来人生事业的发展打下坚实的基础。

### 一、幼儿园教育的意义及任务

幼儿园教育是基础教育的重要组成部分，是我国学校教育和终身教育的奠基阶段，是贯彻国家教育方针，坚持保育与教育相结合，使幼儿德、智、体、美、劳全面发展的教育。

幼儿园教育的任务是与家庭、社区密切合作，与小学相互衔接，综合利用各种教育资源，共同为幼儿的学习习惯、生活习惯、自理能力、社会交往能力的发展创造良好条件，促进幼儿心智同步成长；使他们在快乐的童年生活中获得促进身心发展的经验。

幼儿园教育应尊重幼儿的人格和权利，尊重幼儿身心发展的规律，以游戏为基本活动，保教并重，关注个别差异，促进每个幼儿的个性化发展。

### 二、幼儿园教育的内容与要求

幼儿园的教育内容广泛，具有全面性、启蒙性，根据活动范畴可分为健康、语言、社会、科学、艺术五个领域（根据不同标准，也可作其他不同类别的划分）。在幼儿园教育过程中要坚持各领域内容的相互渗透，从不同的角度促进幼儿发展。

图1-2-1 健康活动

## （一）健康

### 1.目标

（1）身体健康，在集体生活中情绪安定、愉快。

（2）生活、卫生习惯良好，有基本的生活自理能力。

（3）知道必要的安全保健常识，学会保护自己。

（4）喜欢参加体育活动，动作协调、灵活。

### 2.内容与要求

（1）建立良好的师生、同伴关系，让幼儿在集体生活中感到温暖，心情愉快，形成安全感和信赖感。

（2）与家长配合，根据幼儿的需要建立科学的生活常规。培养幼儿良好的饮食、睡眠、盥洗、排泄等生活习惯和生活自理能力。

（3）教育幼儿爱清洁、讲卫生，注意保持个人和生活场所的整洁和卫生。

（4）密切结合幼儿的生活进行安全、营养和保健教育，提高幼儿的自我保护意识和能力。

（5）开展丰富多彩的户外游戏和体育活动，培养幼儿参加体育活动的兴趣和习惯，增强体质，提高对环境的适应能力。

（6）用幼儿感兴趣的方式发展基本动作，提高动作的协调性、灵活性。

（7）在体育活动中，培养幼儿坚强、勇敢、不怕困难的意志品质和主动、乐观、合作的态度。

### 3.指导要点

（1）幼儿园必须把保护幼儿的生命和促进幼儿的健康放在首位。树立正确的健康观念，在保证幼儿身体健康的同时，高度重视幼儿的心理健康。

（2）既要高度重视和满足幼儿受保护、受照顾的需要，又要尊重和满足他们不断增长的独立要求，避免过度保护和包办代替，鼓励并指导幼儿自理、自立地尝试。

（3）健康领域的活动要充分尊重幼儿生长发育的规律，严禁以任何名义进行有损幼儿健康的比赛、表演或训练等。

（4）培养幼儿对体育活动的兴趣是幼儿园体育的重要目标，要根据幼儿的特点组织生动有趣、形式多样的体育活动，吸引幼儿主动参与。

## (二)语言

### 1. 目标

(1)乐意与人交谈,讲话礼貌。

(2)注意倾听对方讲话,能理解日常用语。

(3)能清楚地说出自己想说的事。

(4)喜欢听故事、看图书。

(5)能听懂和会说普通话。

### 2. 内容与要求

(1)创造一个自由、宽松的语言交往环境,支持、鼓励、吸引幼儿与教师、同伴或其他人交谈,体验语言交流的乐趣,学习使用适当的、礼貌的语言交往。

(2)养成幼儿注意倾听的习惯,发展语言理解能力。

(3)鼓励幼儿大胆、清楚地表达自己的想法和感受,尝试说明、描述简单的事物或过程,发展语言表达能力和思维能力。

(4)引导幼儿接触优秀的儿童文学作品,使之感受语言的丰富和优美,并通过多种活动帮助幼儿加深对作品的体验和理解。

(5)培养幼儿对生活中常见的简单标记和文字符号的兴趣。

(6)利用图书、绘画和其他多种方式,激发幼儿对书籍、阅读和书写的兴趣,培养前阅读和前书写技能。

(7)提供普通话的语言环境,帮助幼儿熟悉、听懂并学说普通话。少数民族地区还应帮助幼儿学习本民族语言。

### 3. 指导要点

(1)语言能力是在使用语言的过程中发展起来的,发展幼儿语言的关键是创设一个能使他们想说、敢说、喜欢说、有机会说并能得到积极应答的环境。

(2)幼儿语言的发展与其情感、经验、思维、社会交往能力等其他方面的发展密切相关,因此,发展幼儿语言的重要途径是通过互相渗透的各领域的教育,在丰富多彩的活动中去扩展幼儿的经验,提供促进语言发展的条件。

(3)幼儿的语言学习具有个别化的特点,教师与幼儿的个别交流以及幼儿之间的自由交谈等,对幼儿语言发展具有特殊意义。

(4)对有语言障碍的幼儿要给予特别关注,要与家长和有关方面密切配合,积极地帮助他们提高语言能力。

## (三)社会

### 1.目标

(1)能主动地参与各项活动,有自信心。

(2)乐意与人交往,学习互助、合作和分享,有同情心。

(3)理解并遵守日常生活中基本的社会行为规则。

(4)能努力做好力所能及的事,不怕困难,有初步的责任感。

(5)爱父母长辈、老师和同伴,爱集体、爱家乡、爱祖国。

### 2.内容与要求

(1)引导幼儿参加各种集体活动,体验与教师、同伴等共同生活的乐趣,帮助他们正确认识自己和他人,养成对他人、社会亲近、合作的态度,学习初步的人际交往技能。

(2)为每个幼儿提供表现自己长处和获得成功的机会,增强其自尊心和自信心。

(3)提供自由活动的机会,支持幼儿自主地选择、计划活动,鼓励他们通过努力解决问题,不轻易放弃,勇于尝试克服困难。

(4)在共同的生活和活动中,以多种方式引导幼儿认识、体验并理解基本的社会行为规则,学习自律和尊重他人。

(5)教育幼儿爱护玩具和其他物品,爱护公物和公共环境。

(6)与家庭、社区合作,引导幼儿了解自己的亲人以及与自己生活有关的各行各业人们的劳动,培养其对劳动者的热爱和对劳动成果的尊重。

(7)充分利用社会资源,引导幼儿实际感受祖国文化的丰富与优秀,感受家乡的变化和发展,激发幼儿爱家乡、爱祖国的情感。

(8)适当向幼儿介绍我国各民族和世界其他国家、民族的文化,使其感知人类文化的多样性和差异性,培养理解、尊重、平等的态度。

### 3.指导要点

(1)社会领域的教育具有潜移默化的特点。幼儿社会态度和社会情感的培养应渗透在多种活动和一日生活的各个环节之中。要创设一个能使幼儿感受到接纳、关爱和支持的良好环境,避免单一、呆板的言语说教。

(2)幼儿与成人、同伴共同生活、交往、探索、游戏等,是其进行社会学习的重要途径,应为幼儿提供人际交往和共同活动的机会和条件,并加以指导。

(3)社会学习是一个漫长的过程,需要幼儿园、家庭和社会密切配合,协调一致,共同促进幼儿良好社会性品质的形成。

### (四)科学

#### 1. 目标

(1)对周围的事物、现象感兴趣,有好奇心和求知欲。

(2)能运用各种感官,动手动脑,探究问题。

(3)能用适当的方式表达、交流探索的过程和结果。

(4)能从生活和游戏中感受事物的数量关系并体会到数学的重要和有趣。

(5)爱护动植物,关心周围的环境,亲近大自然,珍惜自然资源,形成初步的环保意识。

#### 2. 内容与要求

(1)引导幼儿对身边常见事物和现象的特点、变化规律产生兴趣与探究的欲望。

(2)为幼儿的探究活动创造宽松的环境,让每个幼儿都有机会参与尝试,支持并鼓励他们大胆提出问题,发表不同意见,同时学会尊重他人的观点并吸收其经验。

(3)提供丰富的可操作的材料,为每个幼儿都能运用多种感官、多种方式进行探索提供条件。

(4)通过引导幼儿积极参加小组讨论、探索等方式,培养幼儿合作学习的意识和能力,学习用多种方式呈现、交流、分享探索的过程和结果。

(5)引导幼儿对周围环境中的数、量、形、时间和空间等产生兴趣,建构初步的数的概念,并学习用简单的数学方法解决生活和游戏中遇到的某些简单的问题。

(6)从生活或媒体中幼儿熟悉的科技成果入手,引导幼儿感受科学技术对生活带来的影响,培养他们对科学的兴趣和对科学家的崇敬。

(7)在幼儿生活经验的基础上,帮助幼儿了解自然、环境与人类生活的关系。从身边的小事入手,初步培养幼儿的环保意识和行为。

#### 3. 指导要点

(1)幼儿的科学教育是科学启蒙教育,重在激发幼儿的认识兴趣和探究欲望。

(2)要尽量创造条件让幼儿实际参加探究活动,使他们感受科学探究的过程,发现探究的方法,体验探究发现的乐趣。

(3)科学教育应与幼儿的实际生活密切联系,将身边的事物与现象作为科学探索的对象。

图1-2-2 科学探索

## (五)艺术

### 1. 目标

(1)能初步感受并喜爱环境、生活和艺术中的美。

(2)喜欢参加艺术活动,并能大胆地表现自己的情感。

(3)能用自己喜欢的方式进行艺术表现活动。

### 2. 内容与要求

(1)引导幼儿接触周围环境和生活中美好的人、事、物,丰富他们的感性经验和审美情趣,激发他们表现美、创造美的情趣。

(2)艺术活动要面向全体幼儿,针对其不同特点和发展需要,让每个幼儿都受到美的熏陶。要注意发展有艺术天赋的幼儿的艺术潜能。

(3)提供自由表现的机会,鼓励幼儿用不同的艺术形式大胆地表达自己的情感、理解和想象,尊重每个幼儿的想象力和创造力,肯定和接纳他们独特的审美感受和表现方式,分享他们创造的喜悦。

（4）在支持、鼓励幼儿积极参加各种艺术活动并大胆表现的同时，提高他们的艺术表现能力。

（5）指导幼儿利用身边的物品或废旧材料制作玩具、手工艺品等来美化自己的生活或开展其他活动。

（6）为幼儿创设展示自己作品的条件，引导幼儿相互交流、相互欣赏、共同提高。

### 3. 指导要点

（1）艺术是实施美育的主要途径，应充分发挥艺术的情感教育功能，促进幼儿健全人格的形成。要避免仅仅重视表现技能或艺术活动的结果而忽视幼儿在活动过程中的情感体验和态度倾向。

（2）幼儿的创作过程是他们表达自己的认识和情感的重要方式，应支持幼儿进行富有个性和创造性的表达，避免过分强调技能技巧和标准化要求的倾向。

（3）幼儿艺术活动的能力是在大胆表现的过程中逐渐发展起来的，教师在这一过程中的作用在于激发幼儿感受美、表现美的情趣，丰富他们的审美经验，使之体验自由表达和创造的快乐。在此基础上，根据幼儿的发展状况和需要，对表现方式和技能技巧给予适时、适当的指导。

图 1-2-3　幼儿艺术交流

# 任务三
# 社区教育

## 任务目标

1. 能简要概述社区教育的定义。

2. 了解社区教育的形成与发展。

## 任务准备

1. 查阅家园社合作共育相关文件,概括社区教育定义并记录在自制绘本或手册上。

2. 根据社区教育知识特点和需求,提前联系幼儿园老师,与幼儿园老师一起到社区开展相关活动,并做好记录。

## 工作表单

### 工作表单

**思考总结**

请思考作为一名幼儿园教师应如何开展社区教育工作。把你的工作思路填入下表。

| 社区教育具体工作名称 | 工作思路 |
| --- | --- |
| | |
| | |
| | |
| | |

## 学习支持

社区是儿童生活的社会环境，与儿童的成长息息相关。托儿所、幼儿园的教育固然重要，但社区的教育也不可忽视。在社区教育中人们的言行举止、道德风貌等都深深影响着儿童的发展。

### 一、社区教育的定义

“社区”这一概念是由我国著名社会学家费孝通先生于20世纪30年代初引进中国的，但目前这个概念尚无统一的定义。社区是指聚居在一定地域范围内的人们所组成的社会生活共同体。张晓敏认为，社区是指坐落于幼儿园和家庭附近的地区，能够对幼儿的生活、学习和发展产生重要影响的生态系统。黄云龙指出，社区教育是以社区为主体的一种形式化、组织化的教育形态。李生兰认为，学前儿童的社区教育是面向学前儿童的，以社区资源为基础所开展的各种各样的教育活动，旨在促进儿童的快乐成长。

图1-3-1　社区教育活动——垃圾分类

### 二、社区教育的形成

从社区教育逐步形成发展的轨迹来看，在我国，社区教育起步于20世纪80年代初期，它是在国家实行改革开放后，在总结原有学校教育、家庭教育、社会教育相结合经验的基础上，借鉴国外社区教育的经验，从国内不同地域的实际出发，通过试点逐步发展起来的。全国社区教育可分三类：第一类是以一所学校为中心，联结所在社区的部分工厂、事业单位与政府部门共同组成的社区教育委员会。第二类是以社区为中心，由街道办事处或区级政府牵头，社区教育机构等企业单位共同参与组建的。第三类是以工业区或农业县为地域界限的社区教育，旨在加强企业、农村未来劳动者素质的培养和社区文化建设。

进入20世纪90年代后，社区教育组织已自觉认识到社区教育持续稳定发展的重要作用，进一步加强了制度建设，各级社区教育管理机构所制定的“章程”“暂行规定”等纷纷出台。如《上海市社区教育工作暂行规定（草案）》《天津市河西区教育工作条例（试行）》，为社区教育走上规范化道路奠定了初步的基础。

随着社会主义市场经济体制的建立，中国工业化、城市化进程明显加快，社区教育正在不断发展并逐步走向成熟。一方面，社区居民逐渐认识到社区教育的价值，产生了一定的参与要求。另一方面，城市在发展过程中出现了许多需要解决的问题，如不断膨胀的城市人口、农村剩余劳动力不断涌入城市，形成流动人口浪潮；21世纪，中国大部分城市步入老龄化社会，人口老龄化日益严重；不合理的城市布局与窘迫的生存环境；人际关系的隔阂与淡化；等等。

图1-3-2　社区教育活动——陪伴

对此，仅仅依赖以协调管理为特性的社区组织以及学校教育来解决上述社会问题是远远不够的。国际国内社区教育实践经验已清楚地表明，只有实施面向社区成员,以促进人的发展为原则的各种各样的社区教育,才能满足人们多样化的教育需求并解决各种社会问题。

从社区教育内部看,成人教育、职业技术教育的发生、发展,尤能说明教育社区化的必然性。社区学校(院)的发展过程,可以说是社区教育逐步成熟、功能逐步外显的过程。因此,20世纪90年代以来中国社区教育概念中的"教育"已不是狭义的教育。

# 任务四

# 合作共育

## 任务目标

1. 掌握家园社合作的策略。
2. 理解家园社合作内涵。
3. 了解家园社合作共育现状。

## 任务准备

1. 课前收集“家园社合作”的策略、内涵及现状相关资料，制作成PPT，做好课堂学习交流分享。

2. 深入幼儿园与教师交流并查阅相关资料，综合概述“家园合作共育”的时代意义。

## 工作表单

### 工作表单

**小组讨论**

请同学们6人一组，结合所学知识讨论家园社合作共育过程中家、园、社的关系。

## 学习支持

有研究者认为，合作是指个体与个体、群体与群体或群体与个体之间为达到共同的目的，彼此相互配合的一种联合行动。合作是我们生活中普遍存在的现象，通过合作可以用更少的时间、精力、资源而达到最优的效果。意大利的瑞吉欧教育倡导互动合作，强调幼儿园与家长、社区之间的互动合作。本教材提出的合作共育是指幼儿园、家庭、社区相互配合、相互联系，立足于幼儿的发展，形成以幼儿园为主导，家庭和社区为支撑的“三位一体”合作共育模式，共同促进儿童的全面和谐发展。幼儿园、家庭和社区三者以幼儿为中心，将幼儿的发展放在第一位，共同为幼儿的全面发展创造有利条件。幼儿园、家庭和社区三者是相辅相成、互相配合的，只有这样才能形成强大的教育合力，为幼儿的发展不断注入新的活力。

### 一、家园社共育的内涵解读

家园社共育是在家庭、幼儿园、社会一体化大教育观的指引下，三者共同拓宽共育渠道，提升共育质量的一种途径和方法。经过多元主体的共同努力，发挥幼儿园和家庭、社区的桥梁纽带作用，促进幼儿的健康快乐成长，实现家庭、幼儿园、社会一体化教育。

#### （一）确立幼儿在教育教学中的中心地位

以幼儿的兴趣和需要作为出发点与立脚点，在尊重幼儿人格的前提下，鼓励、支持和引导幼儿进行自主探索，发挥他们的主观能动性。家庭、幼儿园和社区要重视对相应的资源进行开发以及利用，实现三者之间的有机互动，加强沟通和联系；三者缺一不可，它们共同作用、协同发力才有助于培养幼儿解决问题的能力，在提升他们学习兴趣的同时，充分挖掘其潜能。

#### （二）重视营造幼儿成长的良好环境

环境是幼儿周围存在着的对幼儿起着潜移默化影响的一切事物的综合。从某种意义上说，环境可以称得上是一种隐性的课程。幼儿园、家庭和社区都要重视环境的营造，以孩子健康成长作为环境营造的出发点和落脚点，轻松愉快而有教育意义的环境有助于激发幼儿的想象力和创造力，同时也能够促进家长、教师和幼儿的共同成长。

### (三)加强社区资源开发,创新社区管理模式

以社区教育资源的整合和开发来设计教学活动,对于提升教育教学的效果,促进幼儿社会性的发展具有重要作用。不同地域的资源有不同特征,而不同的资源管理模式能够提升资源的利用效率,每个社区要重视构建适合自身的资源管理模式,充分体现各种模式的独特性和优越性。

## 二、家园社合作共育的现实困境

### (一)政策建设不够完善

我国学前教育的相关研究开展得较晚,相关理论推进也较为缓慢。虽然国家制定了相关政策,但仍需要进行相应的转化,如《国务院关于当前发展学前教育的若干意见》等均提及了家园社共育的问题。因此,要实现家园社共育,需要在体制机制上进行建设。首先,根据相应的政策、法规和制度,地方要加强自身能力建设,对国家的相关政策进行正确解读,从而制定本土化的政策。其次,要加大普惠幼儿园的建设力度,可以通过旧园改造、新园建设等途径展开,从而真正实现家园社共育。

### (二)传统的办园理念以及管理模式阻滞家园社共育的开展

在当今的时代背景下,"教师教、学生学"的教学模式需要改革。幼儿园管理中的幼儿教育工作不是仅仅只靠幼儿园就能够完成的,而是需要幼儿园、家庭、社区共同协助、互相支持才能够完成。故此,需要更新相关的教育管理观念,引进优质的教育资源,创新园所管理模式,充分发挥家园社的协同育人作用。

### (三)师资水平不高、师资力量不足等限制家园社共育的开展

教师是幼儿的直接接触者,也是决定学前教育质量的一个关键因素,对幼儿的一生产生重要的影响。家园社共育的开展在一定程度上依托于师资力量、师资水平。当前,我国仍需增加学前教育的财政投入,加大幼儿园舍的建设力度,加强师资队伍建设。立足幼儿园的现实情况,我们不难发现,现如今的不少幼儿园在教师数量上仍呈现出不足的现象,师幼比结构失衡,很多幼儿教师仍处于超负荷运转状态,产生职业倦怠的教师人数仍不少。幼儿教师素质参差不齐,尤其是发达地区和欠发达地区存在很大的区别,而能力不足的幼儿教师在理解相关的幼儿教育理论方面存在极大

的困难，对家园社共育缺乏认知，直接造成这部分教师难以适应相应的角色。

## 三、提升家园社合作共育质量的策略

### （一）幼儿园方面

#### 1.加大开放力度，开发教育资源

幼儿的成长和教育是家庭、教师、保育人员和社区共同的责任，幼儿园、家庭和社区共同担负着教育幼儿，促进幼儿全面和谐发展的重要使命。学前教育既包括幼儿园教育，又包含家庭教育和社区教育。因此，幼儿园要加大开放力度，与家庭、社区紧密联系，形成“三位一体”的育人机制，这样既能丰富幼儿园教育资源，又能激发家庭和社区参与幼儿教育的积极性，还能开发利用各类家庭和社区教育资源，促进幼儿社会性发展。

首先，幼儿园要扩大对外开放的力度。幼儿园要充分利用家庭和社区的人力资源，挖掘家庭和社区的资源优势，利用“请进来”为幼儿拓展教育空间，提高学前教育质量。比如，利用家长的职业资源优势，在幼儿园开展“认识职业”的主题教育，引导幼儿认识各种职业，知道这些职业都是做什么的；邀请有特长的家长或社区人士来幼儿园教幼儿绘画、跳舞、下棋等。此外，幼儿园还可以与家庭、社区配合，将幼儿带出幼儿园这片小天地，让幼儿走进大自然和社区，感受自然的奇妙和社区生活的丰富多彩。比如，组织亲子社会实践活动，教师与家长一起带领幼儿去郊游，参观美术馆、艺术剧院、自然博物馆等；幼儿园还可以和社区合作举办文艺汇演、义卖等活动，为幼儿提供展示自己、锻炼自己的舞台。

其次，教师要对教育资源进行分类整理。因为并不是所有的教育资源都可以直接使用，教师要根据幼儿的年龄特点、身心发展规律，为其挑选适合幼儿身心发展的教育资源，并将教育资源进行融合，从而制订教育计划。值得注意的是，教师在制订教育计划时要与家长和社区配合，要考虑家长和社区的需求，不能一味地要求社区和家长配合，这样才有助于调动家长和社区参与合作的积极性。

最后，在开展活动之前，教师要提前与家长、社区交流沟通，以确保活动的安全性。教师应提前将活动计划告知家长及社区，并明确分工，让每一位家长和社区人员都了解自己应该做什么，在活动中应该注意什么，并在外出活动前对幼儿进行安全教育，从源头上提高安全系数。

### 2.完善互动机制，建立友好关系

儿童的发展受幼儿园、家庭和社区三方面的综合影响，只有当这三方面的力量团结起来，才能形成强大的教育合力，促进儿童的身心发展。在家园社合作共育中，幼儿园是主导力量，因此，幼儿园要做好家庭和社区的桥梁，不断完善家庭、幼儿园、社区之间的互动机制，与家庭、社区建立友好的伙伴关系。

第一，幼儿园要积极主动地与家庭、社区取得联系，了解每个家庭和社区所具备的教育资源，并将其记录下来；第二，幼儿园要主动与社区居委会、社区工作人员以及各公共场馆的工作人员保持密切的联系，在制订教育计划时主动寻求家庭和社区的帮助，争取得到社区和家长的支持；第三，在家庭和社区之间做好宣传工作，充分发挥自己的优势，积极为家庭和社区提供教育指导与服务，为社区教育的发展出谋划策，为幼儿的成长创造和谐美好的环境。

### 3.加强教师培训，提升共育能力

百年大计，教育为本；教育大计，教师为本。2019年8月22日，教育部原部长陈宝生在《国务院关于学前教育事业改革和发展情况的报告》中指出，要加强教师队伍建设，持续加大教师培训力度。只有不断地加强教师培训，才能不断地更新教师的教育理念，因此，培训是提升教师队伍素质和能力的必由之路。在教师培训方面，应注意以下几方面的问题：

首先，在教师培训内容方面，要对不同学历、不同兴趣和特长的教师实行有针对性的培训。一方面可以激发教师参加培训的积极性；另一方面，差异化的培训能够满足教师的不同需求。其次，在教师培训时间上要多元化，为教师提供自由选择的时间，这样更能激发教师参加培训的热情。再次，在教师培训的方式上，要将传统模式与现代模式相结合，既要采用传统的师徒结对、以老带新的方式，又要采用小组研讨和网络培训的方式。最后，对教师的培训不能只注重理论，要将理论与实践相结合，只有在实践的过程中，教师才能将所学理论付诸实践，使自己的能力得到提升。

教师是家园社合作共育的组织者、参与者、行动者，在合作共育中扮演着重要的角色。教师的科学文化素养和组织能力，在一定程度上决定着家园社合作共育的质量。因此，必须加强教师的职业培训，以提升教师合作共育的能力。

### (二)家庭方面

#### 1.家长应更新教育观念,明确合作共育的价值

家长要与学校、社会密切联系,互相配合,保持教育的一致性。家长不仅要从思想观念上重视与幼儿园、社区之间的合作,还要付诸于实践,开展相应的活动。家长与幼儿园的联系较为密切,但是与社区的联系相对较少。究其原因,主要有担心幼儿安全、对社区教育资源的认识不充分、对社区教育资源的重视程度不高等。这些原因在一定程度上阻碍了家庭与社区的沟通,影响了家园社合作共育的质量。

因此,家长必须更新教育观念,认识到家庭与幼儿园、社区合作共育对幼儿发展的重大意义,主动与幼儿园、社区保持联系,积极参加幼儿园与社区组织的各项活动。家长要对幼儿园和社区多一份信任和沟通,相信教师和社区工作人员的专业能力,支持教师和社区的工作,让孩子获得感受大自然和了解社会的机会,为孩子赢得一片教育新天地,从而促进孩子身心全面健康发展。

#### 2.家长应接受教育指导,提高科学育儿质量

《全国家庭教育指导大纲》要求各部门要充分发挥职能优势,切实推进并做好家庭教育工作。家庭是孩子的第一所学校,家长是孩子的第一任老师,家庭教育会对儿童的行为、性格、心理产生重要的影响。良好的家庭教育是推动社会文明进步的重要力量,也对幼儿社会化起着奠基作用。家庭教育的科学与否直接影响孩子一生的发展。因此,幼儿园、社区以及行政主管部门要加强家庭教育的指导,以提升家庭教育的质量。家长要积极配合幼儿园老师和社区工作人员的工作,与他们建立良好的合作伙伴关系。同时,家长也要明确自己的责任和义务,主动学习幼儿教育的相关知识,了解幼儿教育的本质,提升科学育儿的水平和合作共育的能力,以保障幼儿接受高质量、高水平的家庭教育。

#### 3.家长应主动提升自己的教育水平

科学的教育观念、教养方式等是提高家长自身教育水平的重要因素,也是有效促进家园社合作共育高质量发展的重要影响因素。

因此,一方面,家长应该利用空闲时间,通过观看视频、阅读书籍以及网上冲浪等进行学习,帮助自己科学地认识什么是幼儿、什么是幼儿教育,以此树立正确的幼儿教育观。另一方面,家长还应该积极参与各种育儿活动,通过与其他家长、专业教育者的交流、沟通,不断加深对幼儿的认识,不断提高自己的教育水平。当然,在实际的

教育过程中，家长应该就教育过程中所遇到的困惑积极主动地和其他家长或者专业的教育工作者——教师沟通，以此提升自己的教育水平。

### （三）社区方面

#### 1.健全教育管理机制

幼儿园、社区和家庭之间需要良性互动、协同一致。一方面，社区应根据家庭和幼儿园的需求，提供相应的教育服务；另一方面，幼儿园和家庭不能仅扮演消费者和服务者的角色，还应该以助人的姿态参与其中，为社区教育的发展贡献自己的力量。开展家园社合作共育工作，必须要有健全的工作机构和管理制度，这样才能为家园社合作共育提供根本保障。

第一，社区应建立社区、家长、学校协同机制，充分发挥家长、学校在家园社合作共育中的指导作用。社区、家长、学校协同机制要有专门的负责人，明确其工作职责，充分利用各类资源，宣传科学育儿知识，以满足幼儿园和家庭合作共育多样化的需求，并为家庭和幼儿园提供多元化的指导服务。比如，社区、家长、学校协同机制可以与幼儿园密切配合，利用节假日、传统节日，组织开展多样化主题教育、公益活动、文体娱乐活动等，邀请家长带领幼儿共同参与；还可以联合幼儿园，定期开展家庭教育讲座和育儿经验交流会等，为家庭提供教育指导。

第二，社区应建立幼儿教育评价和评估机制，定期对社区幼儿教育进行督导评估。上级主管部门应该科学制定社区幼儿教育评价标准，加强对社区幼儿教育服务的督导，定期向社区居民、幼儿园发放调查问卷，了解家庭和幼儿园对社区教育服务的满意度。

第三，健全社区教育工作者培训制度，加大培训力度，增强合作共育能力。社区应配备专门的从事教育的管理人员，并定期为社区教育工作者提供教育培训，以增强合作共育的能力，从而提高家园社合作共育的教育质量。要充分发挥社区教育工作者的专业性，积极探索提升社区教育质量的策略，建立社区教育志愿者服务制度，为家庭和幼儿园提供服务。

#### 2.丰富教育内容与形式

社区内有着各种各样的教育资源，不仅有自然资源还有人文资源，如何将这些教育资源运用到家园社合作共育中，是一个值得思考的问题。社区应该发挥和整合各种社区资源和力量，调动家庭、幼儿园等各方面力量，共同创设和谐的合作共育环境，开展多种形式的合作共育活动。

比如，社区和幼儿园一起组织义卖活动，为贫困山区的孩子捐款，培养孩子的爱心和同情心；还可以邀请教师、家长及幼儿一起去参观博物馆、美术馆、纪念馆等，让幼儿了解历史，欣赏和感受美的事物，增强幼儿的民族自豪感和爱国情怀；此外，社区的退休老人也是一类宝贵的教育资源，他们有充足的时间和扎实的学识。社区应该充分调动各方面的力量，丰富社区幼儿教育的内容和形式，增强家长和幼儿参与共育活动的积极性。同时，社区要积极争取政策支持和调动社区外部资源来丰富社区教育设施，积极开展合作共育活动。比如，在社区建立“爱心书屋”“志愿者服务社”，为社区儿童提供免费的阅读资源和教育服务，营造社区学习氛围。

### 3.构建合作共育网络平台

儿童的发展不仅需要幼儿园教育，还需要家庭和社区的教育，只有将幼儿园教育与家庭和社区教育紧密地结合在一起，才能越过幼儿园的围墙，拓展幼儿的教育空间，优化幼儿的成长环境。那么，如何利用网络平台才能将幼儿园、家庭、社区三者有机地结合，共同为幼儿的发展创造良好的条件呢？社区可以从以下几方面着手：

一是，依靠家长、学校和家庭委员会搭建微信公众号平台，并由三方代表共同负责平台的运营和维护，定期推送幼儿教育知识，以及近期幼儿园与社区举办的活动，鼓励家长和幼儿积极参与，并通过网络平台开展家庭教育征文活动，鼓励家长将参与家园社共育活动的感想和建议写作成文，通过微信平台进行推送。二是，在网络平台上开通网络意见箱，积极听取家长、教师和社区人士的意见和建议，不断完善家园社合作共育互动平台。三是，幼儿园和社区教育工作者可将家庭教育资源和社区教育资源进行整理，建立合作共育的资源库，加快构建家园社网络资源共享体系，积极为家庭提供幼儿教育指导服务。

## 项目小结

幼儿教育涵盖家庭、幼儿园、社区在内的全方面教育。家庭教育是幼儿教育的基础，幼儿从出生就置身于家庭教育中，“家”是幼儿最初的成长环境，家庭生活中的父母或其他家庭成员对孩子进行的教育称之为家庭教育。幼儿园教育是在教育部门的领导与监督下，根据教育部的要求，有目的、有计划地对幼儿进

微视频：
《合作共育　守望未来》

行教育。然而，随着社区教育的逐渐发展，其越来越受到家长、教师的关注。作为家庭教育与幼儿园教育的补充，社区教育能够拓展幼儿的学习空间，通过在社区中开展各种各样活动促进幼儿的全面发展。为此，家园社合作共育的实践形成三位一体的教育模式，对幼儿的全面发展起着积极的作用。

## 思考与练习

1.根据所学内容，你认为家园社合作共育的困难是什么？

2.家庭教育与人的终身发展有什么关系？

3.新时期家园社合作共育的策略是什么？

## 直通赛证

**阅读材料：**小(二)班有一个叫涛涛的孩子，因为家里人的溺爱，自己的东西从不让别人碰，还很任性。

一天，幼儿园开展区域游戏活动，涛涛去搭积木，可是，建构区里已经挤了很多孩子，涛涛不管那么多，拼命往里挤，边挤边推其他正在搭积木的幼儿，嘴里还嚷嚷道："你们让开，让我先玩。"看见没有人让，他一屁股坐在地上大哭起来，这个过程被李老师看在眼里。李老师走过去将涛涛扶起来，说："涛涛，你继续哭下去的话，那么多好玩的玩具你都玩不到了。不如我们先去别的地方玩，等一会儿再来搭积木。"涛涛止住了哭声，点了点头，跟着李老师走到另一个活动区玩起了拼图，一会儿就拼出了一束小花来，涛涛开心地笑了。李老师借机说："我们能不能邀请其他小朋友一起来拼出更有趣的图案呢？"涛涛点点头，高兴地跑去邀请其他小朋友了。

之后，李老师有意引导涛涛和其他小朋友一起游戏。慢慢地，涛涛不再只顾自己的感受，也能与同伴分享快乐。

**材料分析：**请结合材料，从教师职业道德的角度评析李老师的教育行为。

## 推荐阅读

1.陈鹤琴，《家庭教育》。推荐理由：陈鹤琴先生从生理上的、心理上的、哲学上的基本原理出发，与小孩子的科学知识学习、道德习俗养成、生活习惯培养、身体健康保护等一些具体的事例形成了互证。书中详细地讲述了幼儿教育的诸多原则，并从一个过来人的视角，结合其他父母的经验教训就父母在家庭教育中如何进行幼儿教育展开叙述，方法切实可靠，有益于指导幼儿教师开展家园社合作共育教育教学活动。

2.《习近平关于注重家庭家教家风建设论述摘编》。推荐理由：习近平总书记关于家庭家教家风建设的一系列重要论述，为我们深刻把握家庭家教家风建设的丰富内涵和目标任务，进而推动新时代家庭文明建设、弘扬社会主义家庭文明新风尚提供了根本遵循。习近平总书记在论述家庭家教家风时，把“注重家庭”放在“三个注重”之首，并鲜明指出，“不论时代发生多大变化，不论生活格局发生多大变化，我们都要重视家庭建设”。

## 拓展阅读

### 歌曲《中华孝道》歌词

祖先留下传家宝，名字叫孝顺；
多少年、多少代温暖过冬与春；
它沿着岁月走，烙下中国印，
风风雨雨五千年，从古传到今。
百善孝为先、孝敬是根本，
天地恩情永难忘，心中扎下根。
血脉流不断，山河岁岁新，
中华孝道是美德，传给后来人。

## 项目二

# 家园社合作共育的价值取向

### 学习目标

**知识目标**

1. 了解幼教法规政策；

2. 掌握家园社合作共育的作用；

3. 掌握家园社合作的基本原则。

**能力目标**

1. 能够牢记幼教法规政策和合作共育基本原则；

2. 能够掌握家园社合作共育的路径。

**职业素养目标**

1. 理解合作共育的重要性，树立合作共育意识；

2. 养成合作习惯，积极参与家园社合作共育的教育活动。

### 学习重难点

**学习重点**

1. 贯彻执行幼教政策法规；

2. 掌握家园社合作共育的基本原则。

**学习难点**

1. 全面把握幼教法规；

2. 构建科学规范的家园社合作共育路径。

## 思维导图

- 家园社合作共育的价值取向
  - 家园社合作共育的必然需要
    - 贯彻执行幼教法规政策的需要
    - 政府关注儿童健康成长的需要
    - 应对时代发展对教育提出的挑战的需要
    - 促进幼儿健康快乐成才的需要
    - 顺应世界幼教发展趋势的需要
  - 家园社合作共育的重要作用
    - 对教师成长的重要价值
    - 对家长发展的重要价值
    - 对幼儿成长的重要价值
  - 家园社合作共育的基本原则
    - 平等性原则
    - 全体性原则
    - 发展性原则
    - 适宜性原则
    - 针对性原则
    - 趣味性原则
  - 家园社合作共育的主要路径
    - 请进来
    - 走出去

# 任务一

# 家园社合作共育的必然需要

## 任务目标

1. 能说出相关幼教法规政策；
2. 能够根据相关幼教法规政策构想合作共育机制。

## 任务准备

1. 提前熟悉相关幼教法规、政策文件。
2. 到幼儿园、社区收集相关教学案例。

## 工作表单

### 工作表单

**归纳总结**

请在下表中填写我国幼教法规政策中关于家园社合作共育的相关内容。

| 幼教法规相关的政策文件 | 有关家园社合作共育的内容 |
|---|---|
| | |
| | |
| | |
| | |

## 一、贯彻执行幼教法规政策的需要

幼儿园与家庭、社区合作共育是贯彻落实我国一系列教育法规政策的需要。近年来，教育部颁发了许多幼教法规政策，引导幼教工作者提高专业素养，增强与家庭、社区合作共育的意识和能力。例如，2012年2月10教育部印发了《幼儿园教师专业标准(试行)》(教师〔2012〕1号)，要求教师“与家长进行有效沟通合作，共同促进幼儿发展”，并“协助幼儿园与社区建立合作互助的良好关系”。2015年1月10日，教育部又印发了《幼儿园园长专业标准》(教师〔2015〕2号)，要求园长“建立幼儿园对外合作与交流机制，开放办园，形成幼儿园与家庭、社会(社区)及园际间的良性互动”。

## 二、政府关注儿童健康成长的需要

我国政府还颁布了多项法规政策，指引幼儿园运用家庭、社区资源进行教育，扩展幼儿学习的空间，提高幼儿教育的质量。比如，2013年2月2日，国务院办公厅印发了《国民旅游休闲纲要(2013—2020年)》(国办发〔2013〕10号)，要求幼儿园“组织学生进行寓教于游的课外实践活动，健全学校旅游责任保险制度”。2015年2月9日，国务院第659号令，公布了《博物馆条例》，“鼓励学校结合课程设置和教学计划，组织学生到博物馆开展学习实践活动”。2015年10月11日，教育部又印发了《教育部关于加强家庭教育工作的指导意见》(教基一〔2015〕10号)，要求幼儿园“推动家庭、学校、社会密切配合，共同培养德智体美劳全面发展的社会主义建设者和接班人”。

## 三、应对时代发展对教育提出的挑战的需要

互联网时代的到来是挑战，也是机遇。传统、单一的学校教育已不再适应21世纪的教育发展模式。随着互联网的不断发展，我们需要探索新的家园社合作模式，探索信息化新形势下家园社共建、共享、共生的新模式。

## 四、促进幼儿健康快乐成长的需要

幼儿园与家庭、社区合作共育是促进幼儿身心和谐发展的需要。幼儿的成长受到来自幼儿园、家庭、社区，幼儿园与家庭，幼儿园与社区，以及家庭与社区之间关系等多方面因素的综合影响，幼儿的发展水平是其与周围环境相互作用的结果。中外

许多教育家都对此做过精辟的论述。我国教育家陈鹤琴先生就指出,幼儿教育是一件很复杂的事情,不是家庭一方面可以单独胜任的;也不是幼儿园一方面可以单独胜任的;必定要两方面共同合作方能得到充分的功效。无独有偶,苏联教育家苏霍姆林斯基把开始受教育的儿童比作一块大理石,把教育者比作雕塑家,他认为这些雕塑家第一是家庭,家庭中最细致和最有才干的雕塑家是母亲;第二是教师;第三是集体;第四是受教育者本人;第五是书籍;第六是偶然的因素。幼儿教育实践也充分证明,要想促进幼儿全面发展,就必须协调好幼儿成长环境中的各个要素及其相互关系,并使其高度统一。

## 五、顺应世界幼教发展趋势的需要

幼儿园与家庭、社区合作共育是顺应国际幼儿教育发展趋势的需要。世界教育规划研究专家沙布尔·拉塞克、乔治·维迪努指出,“教育是一个民族的‘神经系统’,是一个民族的传统和期望的最好的表达”,“学校不可能垄断教育因而必须把学校教育同家庭、孩子周围的人们以及大众传播媒介的影响协调起来”。国际组织伯纳德·范·利尔基金会的研究也表明:家长是否参与幼儿教育以及参与的程度如何,都是影响幼儿教育发展的十分重要的因素。美国学前教育研究会评审优质园的标准有十条,其中有两条标准指向幼儿园与家庭、社区的合作共育。在第七条标准“家庭”中指出:幼儿园要和家庭建立并保持合作关系,以促进幼儿的发展;在第八条标准“社区关系”中指出:幼儿园要与社区建立良好的关系,并充分运用社区的资源,以实现办园的目标。澳大利亚审核幼儿教育和保育质量的国家标准共有七条,其中第六条标准讲的就是“幼儿园与家庭、社区的合作伙伴关系”,要求幼儿园发展与家庭、社区的协作伙伴关系,积极地与家庭社区沟通、协商和协作,以确保幼儿获得高质量的教育。可见,家园社区合作共育已成为世界幼教发达国家提高办园质量的利器。

# 任务二

# 家园社合作共育的重要作用

## 任务目标

1. 了解家园社合作共育对教师和家长的作用；

2. 了解家园社合作共育对幼儿园建设的作用。

## 任务准备

1. 收集教学案例，为本任务的开展提供实例分享，通过分析实例引入教学内容，提升教学活动的有效性。

2. 提前预习，做好实例分析，保障课堂教学的实效性。

## 工作表单

### 工作表单

**案例分析**

教师发现班级中有一名男孩，生活自理能力很强，认识很多种蔬菜，但卫生习惯不太好；每天都是爷爷或奶奶、妈妈来接送他，爸爸从未来过。如你是该生教师，你会怎么做？请把你的想法写下来。

## 学习支持

家园社合作共育具有重要的作用,表现在以下几个方面。

### 一、对教师成长的重要价值

#### (一)有助于教师更全面深入地了解幼儿

幼儿园与家庭、社区合作共育,使教师有更多的机会接触家庭和社区,能更全面深入地了解班级中的每个幼儿,不仅能从群体幼儿的年龄特征出发来观测幼儿的发展水平,为制订班级教育计划打下基础,而且还能从个体幼儿的家庭文化背景和所生活的社区环境出发,来观察幼儿的个性特征、兴趣爱好,并推断影响幼儿发展的各种因素,为制订小组教育计划、个别教育计划铺路架桥。例如,教师发现班级中有一名男孩,生活自理能力很强,认识很多种蔬菜,但卫生习惯不太好;每天都是爷爷或奶奶、妈妈来接送他,爸爸从未来过。星期六下午,教师通过去家访,发现孩子的家远离大马路,是一间搭在菜田里、河沟旁的简易工房,孩子的爷爷(光着脚)、妈妈(穿着塑料拖鞋)、爸爸(光着脚)正在菜田里收割青菜,往筐里装菜,孩子(穿着塑料拖鞋)也在一旁帮忙。教师通过在田间和家长交谈得知:每天早晨和傍晚是菜地里最忙碌的时候,爸爸是家里的壮劳力,负责给菜场送菜,无法分身接送孩子;家里的生活用水和饮用水都不方便,从家里走到大马路上,要经过一段泥泞的小路,早晨爷爷或奶奶、妈妈匆匆忙忙送孩子去幼儿园,无法顾及孩子的双手是否干净。教师了解这一情况后,提醒爷爷、奶奶和妈妈:每天送孩子入园时,可以让孩子在幼儿园大门口的洗手池洗手,多挤一点洗手液,洗手的时间长一点,洗好手后,用纸巾把手上的水擦干,这样,孩子会更健康、更卫生。

#### (二)有利于教师不断提高自我效能感

教师自我效能感是指教师相信自己有能力对学生学习产生积极影响的一种知觉和信念。它影响着教师对所从事职业的主动性和积极性、对教学工作的关注和投入程度以及在遇到困难时克服困难的坚持程度。教师长时间在固定场所重复从事幼儿教育教学活动,或多或少会产生职业倦怠,降低自我效能感。然而,开展家园社合作共育的教育教学活动具有一定的挑战性,适应环境的过程性,教学教法的研究性,家长、社区人员和老师间融合的沟通性。教师在这样不断更新的教学挑战过程中可产生高度的自我效能感和成就感,并会不断思考有效的家园社合作方式或更多领域的合作共育方式。一方面,成功合作的体验增强教师的自我效能感。教师在与家长、社区人员互动的过程中"熟能生巧",日积月累的成功经验促使他们形成自我效能感。在遇到困难时,能理智地处理好各种棘手问题。另一方面,教师能在合作过程中积累经验,有效开展合作,减少挫败感,并逐渐提高自我效能感。

### (三)有利于促进教师的专业成长

幼儿园与家庭、社区合作共育活动能促使教师变压力为动力,增强教师职业感、积极性和责任心,不断提升自己的教育能力和指导水平。在开展合作共育活动之前,教师要精心设计活动方案;在开展合作共育活动中,教师要认真实施活动方案;在开展合作共育活动之后,教师要全面总结活动方案。这样,不仅能提高教师的设计能力、组织能力和评估能力,而且能增强教师与家长、社区人员的交往能力、沟通能力和分享能力。

### (四)有利于教师与家长建立良好关系

幼儿园和家庭的双向沟通、频繁互动,为教师与家长建立良好的关系奠定了坚实的基础。例如,幼儿园的家长开放日活动,是幼儿园与家庭合作共育的一种重要形式,有助于教师与家长形成友好的合作关系。在家长开放日活动中,保教人员有机会观察家长与孩子在幼儿园中的相互作用以及家长对待幼儿园的态度,从而为教师和家长建立友好关系创造条件。实践证明,幼儿园的家长开放日活动,是教师与家长沟通的一种重要形式,有助于教师和家长建立有效的教育伙伴关系,最大限度实现家长和教师的对话。其沟通机制如图2-2-1所示。

图2-2-1　家园合作的有效沟通

### (五)有利于教师争取到家长的支持

教师通过多种形式真诚地与家长交流,就能更好地了解家长,并得到家长的支持和帮助。例如,幼儿园举办家长会,向家长开放,招聘家长志愿者,都为教师了解家长、获得家庭的支持创造了重要契机,使教师不仅能遇见家长,向家长介绍学校的生活,寻求家长的帮助,分发调查表和签名表,了解家长的信息,还能与家长进行必要的对话,促进家校更好地相互支持。此外,还能为教师和家长的彼此了解、分享、合作提供时机,教师既可以调查了解家长的兴趣和需要,又可以邀请家长来校分享才能,共同协商安排其他活动。

### (六)有利于班级形成互助共同体

教师与家长、社区人员紧密合作,有助于教师凝聚各种可能的力量,打造班级的互助互惠的共同体。例如,某班级里有不少幼儿的家长是外来务工人员,有的是种菜的,有的是种花的,有的是养鸡的,有的是养鸭的,有的是卖水果的,有的是卖鱼的。教师就可以把这些家庭种植、养殖的产品,经营的项目和销售的价格等信息刊登在班级的"家长园地"上,发布在微信的朋友圈里,提醒大家因为孩子,我们相识并走到一起来了,鼓励大家为了孩子共创美好的未来。这样,教师就能构建以幼儿为中心、以班级为平台的利益共同体,大家有机会及时分享多种信息,各自选用自己所需要的信息。

### (七)有利于幼儿园提高安全系数

幼儿园与家庭、社区合作共育,使家长和社区人员有更多的机会进入幼儿园,参与幼儿园的管理工作,巡逻站岗护导,消除安全隐患,保障校园安全。例如,在早晨幼儿入园和傍晚离园的高峰时段,许多家长和社区人员作为志愿者,轮流来到幼儿园大门口,协助保安维持秩序,排查可疑人员,打造绿色通道,这样就提高了幼儿园的安全性,确保了幼儿的人身安全。

## 二、对家长发展的重要价值

### (一)有助于家长了解和尊重教师

"知之深才能爱之切",家长通过多种形式与教师沟通和交流,就能更加全面地了解幼儿园和孩子所在的班级,提高对教师工作的满意度;通过进入班级,观看教师布置的教育环境、组织的各项活动,就能更加深刻地感受到教师工作的辛苦,增加对教师工作的理解。例如,教师邀请家长来园参加家长开放日活动,就能加强家长对幼儿园保教工作的认识,使家长看到教师组织全班幼儿的多种活动,了解保教工作的目标、内容、途径和方法,知道孩子在园一天的作息时间,体会孩子的生活和学习、特点和进步,感受教师工作的烦琐和艰辛,进而更加尊重教师。

### (二)有助于家长密切与教师的关系

幼儿园热情欢迎家长的环境布置、保教人员与家长积极友好的交往互动,都能增强家长的归属感、融入感、信任感,密切家园之间的关系。例如,班级、幼儿园组建家长委员会,就能使家长感到自己是班级、幼儿园中重要的一员,得到了教师、园长的接受、认可、尊重和支持,进而愿意承担幼儿园的工作,愿尽自己的义务,乐于参与班级、幼儿园的活动。又如,召开家长会,鼓励家长参与和交流,亲切、祥和的家长会能够鼓励家长进行家庭教育经验交流,并认识到交流是分享经验共同促进孩子成长的过程。同样,家园合作中经验交流能够引起家长共鸣,使家长产生强烈的参与感。在亲子游戏活动中,学校搭建平台让家长愉快地参与进来,就能使家长更好地理解“寓教于游戏活动之中”的真实内涵。同时,此活动加深了“家长—教师—幼儿”之间的友好关系,减少家长对教师的教育教学工作安排的误解,增强家长对教师的信赖。为此,“家园合作”、亲子游戏等共育活动不仅能使家长正确认识学校教育活动、与教师成为朋友,而且能促进家长与教师团队建立良好教育合作关系。

### (三)有助于家长配合幼儿园的教育

幼儿园面向家庭开展的多种多样的活动,架起了家庭通往幼儿园的桥梁,提高了家长参教的意识,增强了家长助教的行为,促使家长能与教师配合。在家长会过程中,教师通过播放视频吸引家长的注意,例如,盥洗活动视频、午睡活动视频等使家长看到孩子之间的不同表现;再引导家长进行讨论,使家长认识到在家庭日常生活中要重视培养孩子的生活自理能力,孩子的事情要放手让孩子自己做,让孩子学会自己吃饭、喝水,自己如厕,自己穿脱衣服;最后再鼓励家长从幼儿园图书室借阅图书杂志,掌握提高孩子自我服务能力的科学方法,有效促进家园合作。

### （四）有助于家长丰富幼儿发展的知识

通过家园社合作共育，家长可以更加直观地了解到孩子在幼儿园的学习和生活情况，了解老师的教育方法和教育理念，从而更加深入地了解幼儿教育。家长通过参加活动，了解幼儿心理发展上的不同特点（如：小班孩子是处于低年龄阶段，主要通过感知、依靠表象来认识事物，心理活动及行为的无意识性，开始形成不稳定的个性倾向，注意力保持的时间很短）等，提升家长育儿知识，理解学校教育方式。从思维活动上来说，各班级的孩子有所不同，这样家长就能理解小班孩子的休息时间为什么要比中班、大班的孩子短，就能理解小班孩子的动手的教学活动时间为什么要比中班、大班多，进而丰富家长科学育儿的知识，提升家长育儿素养。

### （五）有助于家长掌握教养孩子的技能

幼儿园经常组织的各项实践操作活动，能帮助家长掌握密切亲子关系的技能，增强家长教育孩子的能力，提升家庭教育的质量。例如，通过参加“亲子体育活动”，家长就能获取提高孩子运动能力的技能；通过参加“亲子智力活动”，家长就能获取培养孩子聪明才智的技能；通过参加“亲子制作活动”，家长就能获得培养孩子动手能力的技巧；通过参加“亲子共读活动”，家长就能获得激发孩子阅读兴趣的技巧；通过参加“亲子互动活动”，家长就能掌握提高孩子社交能力的技能；通过参加“亲子表演活动”，家长就能掌握发展孩子艺术才能的诀窍。

### （六）有助于家长提升评估孩子的能力

幼儿园定期组织家长开展的评教育、评教师、评幼儿的活动，能有效提高家长的评估能力，促使家长不仅能从班集体中横向来看待孩子的发展水平，而且还能从个体中纵向去看待孩子的进步，引导家长对孩子因材施教，推进孩子的健康发展。例如，幼儿园传递给家长的《家园联系册》，就具有“一举两得”的功效。通过阅读教师对孩子的评语，家长既能了解到孩子在班级的各种表现，也能向教师学习评价孩子的方法；通过自己给孩子写评语，家长既能向教师反映孩子在家的各种状况，也能不断提高自己评估孩子的能力。

## 三、对幼儿成长的重要价值

### (一)有益于幼儿的全面发展

国内外许多研究表明，幼儿园与家庭合作共育有助于幼儿身心全面和谐地发展。

#### 1.幼儿总体发展水平与父亲参加幼儿园活动的程度有关

父亲“总是”参加幼儿园组织的家长活动，其孩子的总体发展水平在班级都处于“上层”；父亲“经常”参加幼儿园组织的家长活动，其孩子的总体发展水平在班级处于“中上层”的要多于其他各个层次；父亲“很少”参加幼儿园组织的家长活动，其孩子的总体发展水平在班级处于“中层”最多，其次是“中下层”。

#### 2.幼儿总体发展水平与母亲参加幼儿园活动的程度有关

母亲“总是”参加幼儿园组织的家长活动，其孩子的总体发展水平在班级处于“上层”的要多于其他各个层次；母亲“经常”参加幼儿园组织的家长活动，其孩子的总体发展水平在班级主要集中于“上层”和“上中层”这两个层次，而不会处于“下层”；母亲“有时”参加幼儿园组织的家长活动，其孩子的总体发展水平在班级处于“中层”最多，其次是“中下层”。

#### 3.幼儿总体发展水平与父亲援助幼儿园活动的频率有关

父亲“总是”给予幼儿园援助，孩子在班级的总体发展水平就会处于“上层”；父亲“经常”给予幼儿园援助，孩子在班级的总体发展水平就会处于“上层”及“中上层”；父亲“很少”给予幼儿园援助，孩子的发展水平处于“中层”的最多，其次是“中下层”。

#### 4.幼儿总体发展水平与母亲援助幼儿园活动的频率有关

母亲“总是”给予幼儿园援助，孩子的总体发展水平在班级就处于“中上层”及“上层”；母亲“经常”给予幼儿园援助，孩子的总体发展水平在班级大都会处于“中上层”及“上层”；母亲“很少”给予幼儿园援助，孩子的发展水平属于“中层”的最多，其次是“中下层”。

#### 5.幼儿总体发展水平与父亲配合幼儿园活动的等级有关

父亲配合幼儿园教育程度在班级处于“上等”位置的，其孩子的总体发展水平在班级属于“上层”的最多，“中上层”的其次；总体发展水平属于“中层”“中下层”的孩子，其父亲配合幼儿园教育的程度多为“下等”。

#### 6.幼儿总体发展水平与母亲配合幼儿园活动的等级有关

母亲配合幼儿园教育程度在班级处于“上等”位置的，其孩子的总体发展水平在班级处于“中层”“上层”的人数要多于其他各层；母亲配合幼儿园教育的程度在班级处于“中上等”位置的，其孩子的总体发展水平在班级大多集中在“中上层”“中层”；母亲配合幼儿园教育的程度在班级处于“下等”位置的，其孩子的总体发展水平在班级不可能成为“上层”。

### （二）有益于幼儿的心理健康

教师与家长友好交往，家长经常参与班级活动，有利于幼儿形成对幼儿园的积极态度，密切与教师之间的关系。例如，教师去家访，幼儿耳闻目睹了爸爸、妈妈和教师亲切交谈、热情招待教师的场景，就会更加喜欢自己的老师。国内外许多研究表明，当儿童看到家长和教师作为一个团队而合作工作时，他们就会更加主动地加入到这个团队中来，就会更加努力地学习。反之，如果家园关系紧张，家长和教师对立，那么儿童就不会好好学习。良好的家园之间的伙伴关系有助于幼儿情感和社会性的发展。

### （三）有益于幼儿的未来成长

国内外许多研究表明，幼儿园与家庭合作共育对儿童的发展有着巨大的潜在的积极影响。主要表现在对幼儿的社会性、认知能力、情感等方面的影响，这种影响会持续很长的时间，直至儿童成长到小学段甚至到中学段，有的可能伴随一生；同时，这种影响能提升儿童的学业成就，使儿童更喜欢上学，能更好地适应学校的生活，拥有更强的社会交往能力、合作能力、沟通能力、是非辨别能力，积极主动接受更高程度教育等能力。

# 任务三

# 家园社合作共育的基本原则

## 任务目标

1. 能记住家园社合作共育的基本原则；

2. 能按照基本原则开展教育教学活动。

## 任务准备

1. 提前阅读，了解家园社合作共育的基本原则，从实际出发，依据本地区的教学环境，了解幼儿园教师、家长和社区管理人员等情况，准备相应案例，开展自学分享，提课堂效率。

2. 依托已有家园社合作共育的基本原则知识，充分利用资源有效开展模拟合作的实践学习。

## 工作表单

### 工作表单

**合作学习**

请说出家园社合作共育的基本原则。

| 家园社合作共育基本原则 | 核心内容 |
| --- | --- |
| | |
| | |
| | |
| | |

## 学习支持

《幼儿园教育指导纲要(试行)》中指出:家庭是幼儿园重要的合作伙伴,幼儿园应与家庭、社区密切合作,综合利用各种教育资源,共同为幼儿的发展创造良好的条件。幼儿园与家庭、社区密切合作,遵循家园社合作共育的基本原则,能够有效实现家园社互动合作共育。

### 一、平等性原则

幼儿园与家庭、社区的合作共育要尊重家长、社区人士,把他们看作志同道合的"伙伴",平等地对待他们,鼓励他们以各种各样的方式,关心孩子的教育,支持孩子的教育,参与孩子的教育,使大家能在相互沟通、相互影响、相互帮助的动态过程中,走向共识、共享、共进。例如,为了使幼儿园办得更好,教师可引导家长提出自己的想法,拟定"课程菜单",邀请专家学者来讲课;还可鼓励家长积极参加各种亲子活动,不仅当观众、听众,而且要当主持人,和教师共同主持活动。

### 二、全体性原则

幼儿园与家庭、社区的合作共育要以幼儿为中心,面向全园家长,利用社区资源,开展各项活动,使每个幼儿都有机会参与其中,都能展现自己的聪明才智。例如,幼儿园在组织"家园合作　欢度春节"的活动时,如果幼儿园的多功能厅较小,座位不够,就可以借用幼儿园附近的大剧院或利用操场搭建舞台。要邀请每个家庭出席,要给每个幼儿登台表演的机会,不要以任何借口遗忘任何一位幼儿。

### 三、发展性原则

幼儿园与家庭、社区的合作共育,要以幼儿的发展为本,开展丰富多彩的活动,调动家长参与的积极性,促进幼儿在体力、智力、情感、社会性、审美等各方面的发展,使幼儿成为一个全方面发展的人。例如,幼儿园既可定期组织亲子阅读活动或绘画活动,也可随机开展亲子科技活动或体育活动。

逛灯会

观看舞龙表演

写春联

图2-3-1　欢度春节活动

## 四、适宜性原则

幼儿园与家庭、社区的合作共育，要从家庭和社区的实际情况出发，因地制宜、勤俭节约、低碳环保。例如，城市幼儿园的教师，可鼓励家长多带孩子到附近的绿地公园去散步；农村幼儿园的教师，可邀请务农的家长来为班级建饲养角、种植园地等。

## 五、针对性原则

幼儿园与家庭、社区的合作共育，要考虑到家庭之间的不同、幼儿之间的差异，有的放矢地组织各种活动。例如，幼儿园可召开“全职妈妈会议”，鼓励她们来园做志愿者，多参加“膳食委员会”的活动、“早晚护导幼儿”的活动；每个年级也可组织“爸爸妈妈才艺大比拼”的活动，邀请他们来展示自己的特长，为胆小害羞的孩子树立好榜样；班级还可举办“好奶奶好外婆经验交流会”，启发她们来介绍培养儿孙“独立性”“交往能力”“动手能力”“表达能力”的经验和教训。

## 六、趣味性原则

幼儿园与家庭、社区的合作共育，要寓教于游、寓教于乐，使社区人士、家长、幼儿能在轻松愉快的气氛中，潜移默化地汲取知识、发展技能、提高能力。例如，教师在组织亲子“袋鼠跳”的体育游戏时可先给家长讲解孩子动作发展的特点，再向家长示范如何和孩子一起学“袋鼠跳”，这样就能在欢快的情境中，增强孩子的跳跃能力，密切亲子之间的关系。

# 任务四

# 家园社合作共育的主要路径

## 任务目标

1. 掌握家园社合作共育的主要路径。

2. 学会运用合作共育路径开展工作。

## 任务准备

1. 提前了解家园社合作路径相关的知识，做好课堂分享的准备。

2. 做好“三检”工作、安全预防工作，构建模拟交流中心、互动平台等准备，为课堂教学开展提供实景保障。

## 工作表单

### 工作表单

**案例分析**

“消防宣传日”即将来临，幼儿园要求学校开展有关消防知识的宣传活动。如果你是该学校负责这次活动的老师，你会怎么做？请把你的活动设计填入下表。

我的活动设计：

## 学习支持

家园社合作的目的在于充分利用资源，实现互动共育，促进幼儿素养的提升，这是合作共育的出发点和归宿。“请进来”和“走出去”是目前合作共育中常用的路径。

微视频：
《家园共育我们该什么做》

### 一、请进来

幼儿园要与家庭、社区合作共育，就要充分利用家庭和社区中的人力资源建立家长委员会，听取委员意见，提高参与度；协调商业机构、行政部门、高等院校和其他组织机构合力开发可推进的学前儿童项目，形成有效资源，促进儿童健康发展。

#### （一）把家长请进来

家长们有不同的性格、不同的爱好、不同的特长、不同的职业，因此，幼儿园应该经常把他们请进来。这样，既能发挥家长们的独特优势，也能增强教师与家长的互动。例如，班级在开展“服装店”的游戏活动时，教师可以把“巧手妈妈”请进来，和幼儿一起设计、画图、剪贴，制作不同风格的“衣服”，提高幼儿的创造能力和操作能力。

#### （二）把社区人士请进来

社区中各行各业的人们都是极其宝贵的财富，幼儿园也应该定期把他们请进来。这样，能够发挥他们的职业优势，弥补学校教育和家庭教育的不足。例如，在“消防宣传日”来临时，教师可以把消防队请进来，请他们给幼儿讲讲消防服与其他服装的异同、消防车与其他车辆的区别，讲讲消防安全等，增强幼儿对消防队员这一特殊职业的认知，培养幼儿的消防安全意识，加深幼儿对消防队员的尊敬和崇拜之情。消防员到幼儿园讲解消防知识，如图2-4-1所示。

图2-4-1　消防员到幼儿园讲解消防知识

## 二、走出去

### （一）到家庭中去

幼儿园教师可以组织幼儿到家庭中去，看看每个家庭所居住的小区、所在的楼层、所拥有的房间有什么异同，以帮助幼儿认识家庭的外部特征和物质环境。教师还可以指导家长轮流开放家庭，为孩子提供“学做小主人”或“学做小客人”的机会，使孩子能成为“热情的小主人”（比如，能把好玩的玩具拿出来跟同伴分享）、“文明的小客人”（比如，未经同伴允许，不触摸同伴的物品），掌握待人接物的基本礼仪规范。

### （二）到社区中去

幼儿园教师还可以带领幼儿到社区中去参观各个不同的场馆，丰富幼儿对文化场所、商业场所、运输场所等的认知，帮助幼儿学会遵守不同场所的行为规范。例如，教师组织幼儿参观图书馆时，应告诉幼儿在馆里不能大声说话，要格外爱惜图书，要轻拿轻放，不能折叠书页，看过的图书要放回原处；教师带幼儿到敬老院可以培养其尊老爱幼的品格；等等。幼儿园开展关爱老人活动，如图2-4-2所示。

图2-4-2　幼儿园开展关爱老人活动

## 项目小结

幼儿园与家庭、社区的合作共育，不仅是我国学前教育依法治教的需要，也是发挥学前教育的整体功能、促进儿童全面发展的需要。既有利于教师的专业成长，又有助于家长教育素质的提升。此外，在促进幼儿的和谐发展的同时，还能推动我国学前教育改革的进程。

## 思考与练习

1. 家园社合作共育的必要性是什么?
2. 家园社合作共育的基本原则有哪些?
3. 家园社合作共育的主要路径有哪些?
4. 如何处理"请进来"与"走出去"之间的关系?

## 直通赛证

### 一、选择题

1. 小华的父母出差,将其委托给好友胡某代为监护。胡某带着小华在小区内玩耍,在与小朋友们的追逐打闹中,小刚将小华推倒摔伤。对小华所受伤害,应承担赔偿责任的是(　　)。

A. 小华的父母　　B. 胡某

C. 小刚的父母　　D. 胡某与小刚的父母

2. 妈妈到幼儿园接斌斌时,发现斌斌的手背被小朋友抓破了,就马上向园长投诉当班的丁老师。为此,丁老师的心里很不舒服,第二天一到教室就训斥了斌斌。丁老师的行为(　　)。

A. 合理,教师可以表达自己的真实情感

B. 不合理,教师应完全接受家长的意见

C. 合理,教师不可能对每一个孩子监管到位

D. 不合理,教师应具备较强的情绪调适能力

### 二、论述题

近日,南京地铁运营公司发布检修数据,发现95%的自动扶梯右侧梯级链磨损严重。这再次引发公众对于自动扶梯"右立左行"规则的反思。

有人认为:安全重于效率,为了安全应该改变"右立左行"的规则。

有人认为:在效率至上的年代,高效就是一切。磨损严重就要加强检修,别把问题甩给大众。

有人认为:没有哪一法律允许在高速路拥挤时,废除应急车道来提高效率,规则的存在是有道理的。

综合上述材料所引发的联想和感悟,写一篇论说文。

要求:用规范的现代汉语写作;角度自选、立意自定,标题自拟;字数不少于800。

## 推荐阅读

1.李生兰,《幼儿园与家庭、社区合作共育的研究》(修订版)。推荐理由:该书论述了幼儿园与家庭、社区合作共育的价值及理论,指出了教师、家长在家园合作共育中的作用及策略;从学前教育方案、学前教育课程、学前教育途径、学前教育师资等方面阐述了世界各国幼儿园与家庭、社区合作共育的简况;分析了幼儿家庭教育、幼儿园利用家庭和社区资源开展教育活动的现状;采用比较的手法,探讨了家园合作共育、家庭生活方式、家长教育行为对儿童和谐发展的影响。说明了幼儿园运用家庭、社区资源提高家长教育能力、促进儿童全面发展的探索;论述了幼儿园运用家庭、社区资源对儿童进行关爱父母的教育、合作的教育、多元文化的教育。为家园社合作共育提供了科学的理论和实践依据。

2.李燕,《学前儿童家庭与社区教育》。推荐理由:该书根据现代社会背景下我国家庭教育的现状,结合幼儿园教育改革的实际,系统全面地阐明了学前儿童家庭教育的基本原理、原则和方法,探讨了制约家庭教育的各种因素,分析了特殊类型家庭和不同年龄阶段儿童家庭教育问题和教育对策,论述了幼儿园与家庭、社区合作共育的问题。

## 拓展阅读

### 名人尊老爱幼故事

1.毛主席敬酒

1959年毛泽东同志回到老家韶山,因离乡多年,此次回乡专门邀请亲友中的老年人来家里吃饭。他给每位老人敬酒时,老人们说:“主席敬酒,岂敢岂敢!”主席立即回答说:“敬老尊贤,应当应当。”

2.《祭母文》

1919年,毛泽东的母亲患腮腺炎。在长沙读书的毛泽东听到消息后,急忙赶回家,想接母亲去省城治病。可是毛泽东的母亲因病发时还伴随有其他病症,毛文氏——文其美还是离开了人世。毛泽东悲痛万分,用泪水和墨写下了《祭母文》和两副灵联。一联是:“疾革尚呼儿,无限关怀,万端遗恨皆须补;长生新学佛,不能住世,一掬慈容何处寻。”另一联是:“春风南岸留晖远,秋雨韶山洒泪多。”从两副灵联中不难看出毛泽东对母亲养育之恩的感激,和他对母亲的孝敬之情。

3.亲尝汤药

公元前202年，刘邦建立了西汉政权。刘邦的四儿子刘恒，即后来的汉文帝是一个有名的大孝子。刘恒对他的母亲很孝顺，从来不怠慢。有一次，他的母亲患了重病，这可急坏了刘恒。他母亲一病就是三年，卧床不起。刘恒亲自为母亲煎药汤，并且日夜守护在母亲的床前。每次看到母亲睡了，才趴在母亲床边睡一会儿。刘恒天天为母亲煎药，每次煎完，自己总先尝一尝，看看汤药苦不苦，烫不烫，自己觉得差不多了，才给母亲喝。刘恒孝顺母亲的事，在朝野广为流传。人们都称赞他是一个仁孝之子。

4.孔融让梨

孔融（153—208），字文举。鲁国（今山东曲阜）人。为孔子二十世孙，东汉末年官员、名士、文学家，“建安七子”之一。据史料记载：融四岁时，值祖父六十寿诞，宾客盈门。一盘酥梨，置于寿台之上，母令融分之。融遂按长幼次序而分，各得其所，唯己所得甚小。父奇之，问曰：他人得梨巨，唯己独小，何故？融从容对曰：树有高低，人有老幼，尊老敬长，为人之道也！父大喜。后来《三字经》里的名句“融四岁，能让梨”就源于此，教育小孩要从小懂得尊敬长者，懂得遵守公序良俗。

项目三

# 家园社合作共育的理性思考

## 学习目标

### 知识目标

1. 了解家园社合作共育的价值及理论；
2. 掌握家园社合作共育的角色扮演；
3. 掌握家园社合作共育的策略。

### 能力目标

1. 能够在家园社合作共育中扮演正确的角色；
2. 能够根据理论和实践经验提出科学的合作共育策略。

### 职业素养目标

1. 尊重家园社合作共育中的不同建议，树立“求同存异”的意识；
2. 积极构建家园社合作共育的桥梁。

## 学习重难点

### 学习重点

1. 理解家园社合作共育的基础理论；
2. 做到理论联系实际。

### 学习难点

1. 根据相关理论提出家园社合作共育的策略；
2. 准确把握家园社合作共育中的角色定位。

## 思维导图

- 家园社合作共育的理性思考
  - 家园社合作共育的价值及理论
    - 幼儿园与家庭、社区合作共育的价值
    - 幼儿园与家庭、社区合作共育的理论
  - 教师与家长合作共育的角色扮演
    - 教师是学前教育机构的迎宾者
    - 教师是幼儿家庭隐私的保护者
    - 教师是幼儿家长心声的倾听者
    - 教师是幼儿家长意见的采纳者
    - 教师是幼儿家长施教的合作者
    - 教师是幼儿家庭教育的指导者
    - 教师是幼儿家教指导的研究者
    - 教师是幼儿家长参教的评价者
  - 家长与教师合作共育的意义及策略
    - 家长与教师合作共育的意义
    - 家长与教师合作共育的策略
    - 家长与教师合作共育的禁忌
  - 教师与社区合作共育的角色及扮演
    - 教师是社区教育资源价值的认识者
    - 教师是社区教育资源类别的发现者
    - 教师是社区教育资源整合的设计者
    - 教师是社区教育资源开发的邀请者
    - 教师是社区教育资源利用的行动者
    - 教师是社区教育资源展示的参与者
    - 教师是社区教育资源效能的评价者

# 任务一
# 家园社合作共育的价值及理论

## 任务目标

1. 能简要说出家园社合作共育的价值及意义。

2. 能简要概述家园社合作共育的基础理论。

## 任务准备

1. 收集家园社合作共育的相关基础理论资料，在课堂教学活动中进行学习分享，把理论和实际相结合，讨论家园社合作共育的价值和意义。

2. 通过自学和教师的讲解，模拟开展教学活动，如：学习制作家长手册、幼儿发展记录表、组建家委会，充分利用资源开展模拟教育教学活动。

## 工作表单

### 工作表单

**小组讨论**

请说出家园社合作共育的基础理论及其对工作的启示。

| 家园社合作共育的基础理论 | 该理论对工作的启示 |
| --- | --- |
| | |
| | |
| | |
| | |

## 学习支持

协同共育重在学校，学校教育是家庭教育和社区教育的中间环节。学校教育引领家庭和社区教育构建家园社协同育人机制，以期发挥最大育人价值。

### 一、幼儿园与家庭、社区合作共育的价值

#### （一）有利于学前教育法规的贯彻执行

20世纪90年代以来，我国政府颁布了一系列学前教育的政策与法规，明确指出了幼儿园必须与家庭和社区相互配合，以提高教育影响的一致性和有效性。2001年，教育部颁发的《幼儿园教育指导纲要（试行）》中指出，“幼儿园应与家庭、社区密切合作”，“综合利用各种教育资源，共同为幼儿的发展创造良好的条件”。2012年颁布的《3—6岁儿童学习与指南》系统阐述了幼儿在社会教育方面的年龄发展特点及指导要点，为家长和幼儿园教育提供了可供遵循的指导。可见，幼儿园与家庭、社区合作共育是贯彻实施学前教育法规的需要。

#### （二）有助于与世界学前教育的接轨

国际教育组织也呼吁要关注儿童的社会学习，加强幼儿园与家庭、社区的紧密配合。联合国教科文组织（UNESCO）在重新界定教育的使命时指出，为了实现世界公民目标，不再只是强调认知学习，还要强调情感和行为学习。世界学前教育组织（OMEP）和国际早期教育协会（ACEI）在1999年召开的“21世纪国际幼儿教育研讨会”上，通过了《全球幼儿教育大纲》，指出：儿童的发展是家庭、教师、保育人员和社区共同的责任，教师要和家长、心理学工作者、社会工作者、健康卫生人员、工商人员、公共服务机构、宗教组织、休闲娱乐机构及家庭联合会等建立合作关系，共同关注儿童的成长。因此，关注家园社的合作共育，是我国学前教育走向世界、顺应世界潮流的需要。

#### （三）有利于学前教育整体功能的发挥

学前教育是一项极为复杂的系统工程，既不是幼儿园单方面能够完成的，也不是家庭或社区单方面能够胜任的，需要三方面的通力合作。这样才能形成幼儿园教育与家庭教育、社区教育相结合的育人平台，充分发挥学前教育的整体功能。

### (四)有益于儿童身心全面和谐发展

儿童的发展包括德、智、体、美、劳等方面,这几个方面既相互独立,也相互依存。忽视或轻视其中的任何一个方面,都会阻碍儿童身心和谐发展,这已被我国学前教育的实践和科研所证明。

## 二、幼儿园与家庭、社区合作共育的理论

生物生态学理论、自我概念理论、多元智能理论、家庭系统理论等为幼儿园与家庭、社区的合作共育提供了坚实的理论基础。

### (一)生物生态学理论

美国学者布朗芬·布伦纳创建的生物生态学理论认为,儿童的发展受到与其有直接或间接联系的生态环境的制约。这种生态环境是由若干个相互镶嵌在一起的系统所组成的,这些系统表现为一系列的同心圆,如图3-1-1所示。

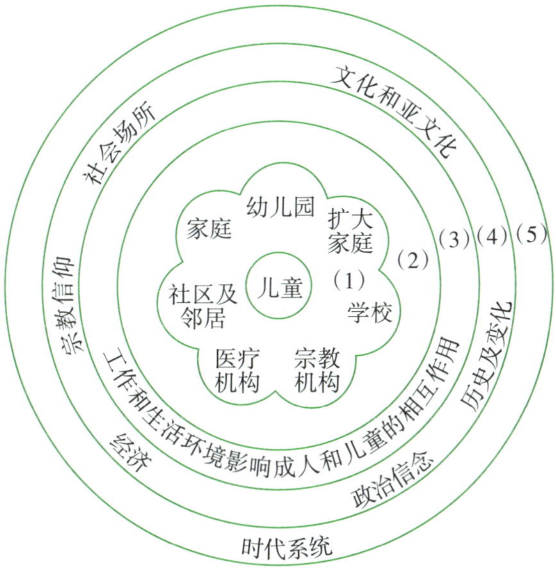


(1)微观系统 (2)中间系统 (3)外层系统 (4)宏观系统 (5)时代系统

图3-1-1 生物生态学理论的同心圆模式

观察同心圆可知:儿童的发展过程是其不断地扩展对生态环境的认知过程,从家庭到幼儿园再到社会。儿童的生态过渡(生态环境的变化)对其发展具有举足轻重的作用。生物生态学理论对幼儿园与家庭、社区合作共育的启示主要有以下几方面:

(1)要充分认识到幼儿园、家庭、社区在儿童发展中的独特作用,以促进儿童的成长。

(2)要从幼儿园与家庭和社区的相互关系中,研究影响儿童发展的因素,以优化儿童成长的环境。

(3)要加强幼儿园、家庭、社区彼此之间的联系,以形成正向的互动关系,促进儿童的发展。

(4)要逐步扩大儿童认识世界的范围,培养儿童的适应能力。

## (二)自我概念理论

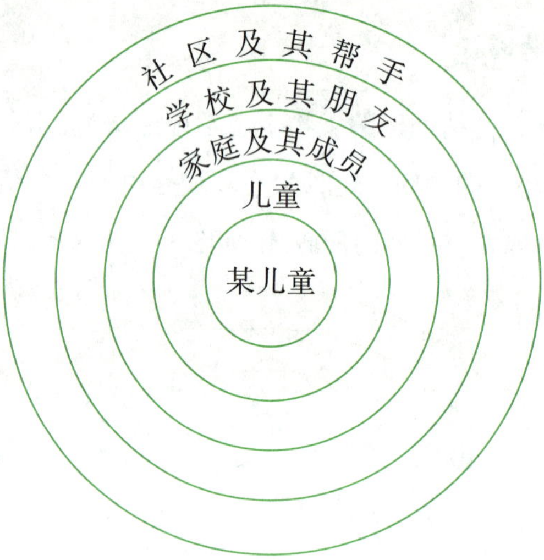


图3-1-2　儿童自我概念理论同心圆模型

美国学前教育家埃斯萨等人提出的自我概念理论指出:儿童生活的环境是由家庭、学校、社区这三个同心圆组成。最靠近儿童的同心圆是家庭及其成员;第二个同心圆是学校及其朋友;最外面的一个同心圆是社区及其帮手。自我概念理论的启示如下:

(1)应循序渐进地扩大儿童的学习视野,让儿童从内部世界走向外部世界。

(2)应促进儿童与成人之间的积极互动,与教师、家长、社会人士建立起良好的关系。

(3)应维护成人与儿童之间的友好关系,促进儿童自尊心和自信心的发展。

## (三)多元智能理论

美国教育家加德纳提出的多元智能理论认为:在每个儿童身上都不同程度地表现出语言智能、逻辑数学智能、空间智能、身体运动智能、音乐智能、人际关系智能、自我认知智能、自然观察智能和存在智能九种智能。因此,他指出:理想的教育不仅要为儿童提供“深入社区学习”的时机,把儿童带进社区(比如博物馆、运动场、剧院、美术馆等都可成为儿童进行场景化探索的重要基地),而且还要“把社区引入学校”,鼓励社区志愿者通过“师傅带徒弟”的方式(如经常与儿童亲密接触或在具体活动中给予儿童指导)参与教育,让儿童分享他们的专业知识和技艺。

多元智能理论能够给我们如下几点启示:

(1)既要重视“走出去”,也要关注“请进来”。在带儿童走进社区开展教育活动的同时,还要邀请社会人士来园参加教育活动。

(2)既要注意挖掘社区物质资源的潜力,也要重视发挥社区人力资源的作用。

(3)要着重开发博物馆这种独特的社区资源的价值,并定期带儿童深入进去。

(4)要帮助儿童与家长、社区人士结成对子,培养儿童的兴趣,促进儿童的发展。

## (四)家庭系统理论

家庭系统理论认为,家庭是一个整体、一个系统,家庭所有成员都是这个系统中的重要组成部分。他们相互依存、相互影响。

### 1.家庭系统理论主要内容

该理论主要内容包括以下几个方面:

(1)边界:它涉及限制、欢聚和分离。即谁在家庭之中,谁在家庭之外,什么是家庭分内的事,什么是家庭分外的事。

(2)角色:每个家庭成员都有自己的角色,每个角色都有一定的行为期待,但有积极或消极之分。

(3)规则:规则是制定好的标准、传统等,说明了处世的原则。但表现形式是多种多样的,且与不同的文化背景相关。

(4)层级:家庭是有辈分和层次结构的,表现为谁是一家之主,谁在家庭做出决定等。家庭的层次结构是会发生变化的,这种变化会导致家庭成员地位的变动。

(5)气氛:它是儿童成长的情感环境和物质环境,情感环境的质量(积极的或消极的)是由儿童及其家庭成员的信仰所决定的。

(6)平衡:当家庭发生变化(积极的或消极的变化)的时候,会影响到家庭的平衡,家庭的平衡关系到儿童的安全感和信任感的形成。

### 2.家庭系统理论的要求

(1)认识到家庭的边界,尊重家庭的育儿方式。比如,教师在家访前,要了解家长的心态,尊重家长的意见,不能硬性规定家长在某时某刻要接待教师的上门家访。

(2)认识儿童角色,为儿童创设机会。例如,教师创设各种游戏活动,让儿童扮演不同的角色,促进儿童的社会交流。

(3)认识园规与家规,学会求同存异。教师需向家长解释班规,并了解儿童的家规,通过与家长的沟通和分享,共同促进儿童的成长。

(4)关注家庭的层次结构。教师可以通过儿童的家庭联系人,判断家庭成员在儿童教育方面的职责分工。

(5)保持教育的一致性,为儿童提供稳定的成长环境。教师可通过设定班规等来保证儿童在园生活的稳定性,以减少不稳定的家庭生活可能对儿童产生的负面影响。

# 任务二

# 教师与家长合作共育的角色扮演

## 任务目标

1. 能够说出教师在与家长合作共育中所扮演的角色。

2. 能够根据角色定位处理好家园合作共育中存在的问题。

## 任务准备

1. 查阅相关资料，在笔记本上列举当前家园合作存在的问题，针对当前家园合作存在的问题做好分析，或与教师进行探讨，请教师指导。

2. 在现有的理论基础上，到幼儿园见习，不断探索、践行合作共育新路径，收集一线案例。

## 工作表单

### 工作表单

**案例分析**

一个中班小女孩，在妈妈傍晚来园接她回家以后，便告诉妈妈：中午睡觉时，身旁的一个小男孩摸她。

如果你是家长会怎么做？如果你是教师又会怎么做？

## 学习支持

家校合作能否发挥教育最大合力，主要看家长和教师在教育中能否确定各种角色定位和角色分工。苏霍姆林斯基说过，若只有学校而没有家庭，若只有家庭而没有学校，都不能单独承担起塑造人的细微、复杂的任务。可见，家长和教师的角色定位至关重要。

### 一、教师是学前教育机构的迎宾者

幼儿教师形象优雅、着装得体、语言甜美等如同一位和蔼可亲的迎宾者，这会使家长产生“幼儿园是我家”和“宾至如归”的主人感觉。例如，有位双胞胎母亲，在孩子刚入园时，就向值班教师提出要求：将孩子分在同一个小班，以便小哥俩能相互照应，尽快适应集体生活。一周以后，她又提出要将小哥俩分在不同的班级，以免他们因见面多而导致好争吵的毛病加重，同时，使他们能有更多的机会接触其他小伙伴。又过了一周，她再次提出要将孩子分在同一个班级。因为兄弟俩在园虽然一天不见面，回到家里以后并没有变得更亲热，仍然喜欢争吵，且接送孩子很不方便。带班教师及时向园长反映了这位母亲的要求，虽然满足了这位母亲的要求，但是告诉她：孩子是否好争吵，与在不在同一个班级并无多大关系，关键在于家长能否做好对孩子的引导和教育。这位母亲非常感动，觉得拥有300多人的幼儿园能随时满足自己的愿望，反映出园方的确是“想家长之所想，急家长之所急”。后来这位家长变得非常乐于参加幼儿园组织的各种活动，并成了教师的好帮手。教师成为幼儿园的迎宾者，是学前教育机构在市场经济条件下得以生存和发展的必要条件。

### 二、教师是幼儿家庭隐私的保护者

教师应当尊重家长，保护家庭的隐私，不仅为家长不同的文化价值观（如宗教信仰）、居住条件、极端的经济条件（如极高的薪水和待遇或极低的薪水和待遇）、较差的就业状况（如下岗、待业）等保守秘密，而且还应对家长不妥的兴趣爱好（如打麻将）、残缺的婚姻状态（如夫妻离异）、敌对的家庭关系（如婆媳不和）、消极的生活方式（如过于重视吃穿）等方面的信息严加保密，不在大庭广众之下揭家长的短处，对家访中看到的不良现象不妄加评价，使家长能消除顾虑，配合家访。例如，有位教师家访时发现家长在书橱里陈列了许多世界名著精装本，她很好奇，就问家长：能否拿一本来翻一翻、看一看。家长笑着说道：算了吧。站在一旁的儿子高声叫道：这些都是空的，里面没有书。教师看着陷于窘境的家长，转身对幼儿说：你爸爸还没有抽出时间去买呢！当爸爸去买书的时候，你也和他一起去，好吗？孩子点头赞同。后来在家访总结会上，教师说道：有的家长已在家里设置了书架，还准备带领孩子一起去买书，这种做法值得我们大家学习。

教师能为幼儿家庭的隐私保密，一方面是其遵循国际教育准则的表现，另一方面是其顺应家长心理变化的表现。随着社会的进步、人权意识的加强，家长对家庭隐私权的保护要求也日益提高。某研究者在2014年6月至2020年6月分别与3组90位教师的座谈中发现，教师如果和家长预约家访的时间，则会遭到近1/3家长的婉言拒绝，教师如果做“不速之客”，则会有约1/9的家长隔着铁门和来访的教师讲话。研究者还发现，多数家长不与邻里来往，不邀请邻居来家，也不到邻居家去，而且还要求年幼的孩子也这样做。这都从不同的侧面说明家长对家庭隐私的敏感性越来越强，为此，在家园合作中教师要充当家庭隐私的保护者。

## 三、教师是幼儿家长心声的倾听者

教师要了解家长，既可用眼去看，也可用耳去听。教师应是耐心的“听众“，应为家长创造许多“诉说自己的心思”“发表自己的见解”的机会，而不是简单地当“演讲家”“讲解员”。“家庭教育问题辩论会”“家庭教育经验交流会”“父母养儿育女沙龙”“家庭教育咨询”等在北上广的学前教育机构已悄然而生。

家园共育成功的经验证明，学会倾听、善于倾听，是教师成为家长亲密伙伴的前提条件。教师只有与家长坦诚相待，家长才会“知无不言、言无不尽”。例如，一个中班的小女孩，在妈妈傍晚来园接她回家以后，便告诉妈妈：中午睡觉时，身旁的一个小男孩“挑逗”她。母亲大吃一惊。考虑再三，最后还是决定第二天早晨送孩子入园时，把这一情况告诉教师，且说出了自己对这件事的看法。教师仔细认真地倾听后，不仅请这位母亲原谅她工作的不周全之处，而且还感谢这位母亲能把自己的所知、所想全盘托出，便于教师及时采取“急救”措施，使男孩子不至于“故伎重演”。此后，这位母亲除了积极地向教师反映女儿在家的各种表现以外，还能把她听到的其他家长的意见和想法如实告诉教师，成为信息的传递者。这样既能增进老师与家长的沟通交流，又能帮助教师提升管理经验。

## 四、教师是幼儿家长意见的采纳者

教师和家长由于教育对象、教育场所、教育时间、教育途径的不同,在教育幼儿的整个过程中,难免会出现认识上的分歧和行为上的差异。据此,一些教师能在倾听家长的呼声之后,认真分析家长的意见,迅速给家长提供反馈信息,理解家长的正当情绪表达,接纳家长的合理化建议,并付诸实践,能强化家长议教参教的主动性、积极性和创造性。例如,一位大班幼儿的父亲怀着气愤的心情给老师发送了一份电子邮件,反映他的儿子在班上总是受到小伙伴的欺负,今天被同伴围着骂,明天又被同伴追着打,希望老师能帮孩子“冲出重围”:在全班小朋友面前,多表扬他的孩子;在自由活动时,多关心他的孩子;等等。教师在收到这位父亲发来的电子邮件后,很快做出了回复:感谢家长来信;就工作的失误表示歉意;将某幼儿在班级的表现情况给家长做了全面的介绍,使家长获知他的孩子在学校是受老师喜爱和小朋友们欢迎的,只是这次的不当言行引起了矛盾,况且孩子之间的争吵打闹是正常的事情;希望家长今后能经常与老师交流。家长收到了教师发回的电子邮件,格外高兴。之后,家长经常为幼儿园教师出谋划策,还发动其他家长为班级提供无毒无害的废旧物品,参与班级环境的设计、更新和布置。

## 五、教师是幼儿家长施教的合作者

我国著名教育家陈鹤琴先生指出,幼儿教育是一种很复杂的事情,不是家庭一方面可以单独胜任的,也不是幼儿园一方面可以单独胜任的,必定要两方面共同合作,方能得到充分的功效。中华人民共和国成立70多年来学前教育的成功经验也证明,教育幼儿是幼儿园和家庭的共同责任,教师和家长紧密合作,就能为幼儿营造最佳发展环境。

教师和家长应建立合作伙伴关系,进行双向交流,彼此尊重,相互协作,共同承担保育、教育幼儿的责任。例如,有些家长向教师反映孩子在家不好好吃饭,希望教师能在晚上打个电话来,这样孩子就会在期盼教师来电的过程中,高高兴兴地把饭吃下去。教师大都能满足家长的这一心愿。

## 六、教师是幼儿家庭教育的指导者

21世纪,教师普遍拥有高学历,他们专业技能精湛、理论知识丰富。他们没有因为家园的合作共育而轻视自己的教育职责。相反,他们更加注意从家庭的实际情况出发,运用自己所学的最新教育理念对家长进行不同的指导:如针对"听觉型"家长,幼儿园举办"家长知识讲座";鼓励"视觉型"家长多观看幼儿园布置的橱窗及板报、开放日活动;引导"运动型"家长多参加幼儿园组织的亲子活动。

教师之所以能成功地扮演家教指导者的角色,是与以下两个因素分不开的:

第一,是学前教育事业逐步走上法治化建设轨道的结果。例如,上海市教委在《上海市学前教育纲要》中规定:教师要"充分利用学前教育机构、家庭、社区的教育资源,开展家庭教育指导,使家长成为学前教育机构的合作伙伴"。2000年上海市妇联等单位联合发布了《上海市家庭教育指导工作大纲》,详细阐明了家庭教育指导工作的目标、任务及内容、原则与形式、实施与管理,这使教师的家庭教育指导工作变得具体化。

第二,是学前教师培训机构重视课程改革的结果。在职前教育或在职培训中,华东师范大学学前教育与特殊教育学院为学前教育专业本科学生、专科学生都开设了家庭教育课程,使用了《幼儿家庭教育》《学前儿童的家庭教育》等教材,为学生走上工作岗位发挥更大的作用奠定了坚实的理论基础。

## 七、教师是幼儿家教指导的研究者

幼儿家庭教育指导要取得预期的成效,就必须以科学研究为基础,这一观点为越来越多的教师所接受。多样化的学术交流,使教师有更多的机会相互切磋、共同探讨,增强了对家庭教育指导进行研究的兴趣和信心。

现如今,幼儿教师踊跃申报幼儿家庭教育指导相关的国家级、省市级科研课题,致力于家庭教育指导的研究工作,已从课题的参与者发展为课题的主持人。有的教师还成了家庭教育指导实验基地的骨干分子,坚持不懈地探索家庭教育指导的规律,以此来提高自己的家庭教育指导水平。

## 八、教师是幼儿家长参教的评价者

国际组织伯纳德·范·利尔基金会近20年的研究结果显示，家长是否参与学前教育、参与的程度如何，直接关系到学前教育质量的高低。所以，教师应重视对家长参教水平的评估，帮助家长从观望者和学习者发展成参与者和决策者，使他们能自愿为学前教育机构提供“无偿服务”“普通服务”或“特色服务”（如用自己的一技之长为幼儿园服务），自觉参与幼儿教育决策的形成、执行和监督等各个环节，从而不断丰富合作的内容，提高共育的质量。

# 任务三

# 家长与教师合作共育的意义及策略

## 任务目标

1. 能够说出家长与教师合作共育的意义。
2. 能够针对不同类型的家长提出合作共育的策略。

## 任务准备

1. 查阅资料，用笔记本记录相关知识，列举不同类型的家长和教师，并针对不同类型的家长和教师合作共育中存在的问题，提出建议或策略，在课堂学习中进行分享。

2. 通过自学和课堂学习，模拟家长和教师的沟通技巧，到幼儿园参与各项活动(如运动会、文艺表演等)，同时写案例分析。

## 工作表单

### 工作表单

**小组讨论**

6名同学为一组，根据家长的类型提出针对性的家长与教师合作共育的策略。

| 家长类型 | 合作策略 |
| --- | --- |
| | |
| | |
| | |
| | |

## 学习支持

作为21世纪的合格家长,在教育孩子的过程中,必然要扮演双重角色。家长既是孩子的第一任教师,寓教于家庭生活之中,又是学前教育机构教师的亲密伙伴,应与教师互动合作,协调一致地教育孩子。

### 一、家长与教师合作共育的意义

#### 1.幼儿人格发展的需要

幼儿心理学研究表明,幼儿人格的健全发展受男女两性教育力量的影响。目前学前教育师资队伍基本上是女性一统天下。这极容易弱化幼儿的阳刚之气,而男性家长对学前教育的介入可弥补学前教育师资队伍中男教师严重不足的缺憾,为幼儿人格的健康发展注入新鲜血液,有助于幼儿成长为刚柔并济的人。

#### 2.家长知法守法的保证

原国家教委、全国妇联发布的《家长教育行为规范(试行)》,对家长提出了十大要求。其一就是规定家长“要和学校、社会密切联系,互相配合,保持教育的一致性”。家长主动参与到托幼园所的教育工作中去,是家长遵纪守法的表现,也是家长应该履行的教育职责。

#### 3.教育专家的主张

苏联教育家苏霍姆林斯基把刚开始接受教育的幼儿比喻为一块大理石,把教育者比喻为雕塑家。他认为雕塑家第一是家庭,第二是教师,第三是集体,第四是幼儿本人,第五是书籍,第六是偶然的因素。可见,家长要把孩子塑造成心目中的形象,就必须参与幼儿园教育,共同完成培育幼儿的工作。

#### 4.家长能更深刻地理解幼儿

家长参与幼儿园的教育,能耳闻目睹幼儿的生活、游戏和学习,获得幼儿成长的感性知识经验,从而加深对幼儿权利的认识和对幼儿发展的理解。例如,父亲通过在幼儿园观看孩子参加游戏活动,就很容易明白“游戏是幼儿最重要的活动”“幼儿是在游戏中成长”的道理。

### 5.家长能更全面地了解教师

家长参与到幼儿园的教育中去，就能亲身感受到教师工作的多样和艰辛，清楚地认识到教师工作的复杂和细致，从而学会宽容教师、体谅教师。比如，母亲通过在幼儿园观看孩子的“一日活动”，就可能发出“教师热爱孩子胜过妈妈”的感叹。

### 6.幼儿个体的发展更为完整

家长参与幼儿园教育，能提升幼儿的整体发展水平。主要体现为提升幼儿的自信心、增强幼儿的体质、培养幼儿的语言能力、发展幼儿的独立性、提高幼儿的创造力。

## 二、家长与教师合作共育的策略

家长应从实际情况出发，根据自身的条件、孩子的发展水平、家庭的特点、家庭教育的问题以及合作活动的性质，选择不同的时机，利用不同的形式，与教师真诚合作，以增强共育的效果。

### (一)从自己的学习通道出发

心理学研究表明，不同的人，学习的主通道有所不同。有些人主要是通过视觉(如图画、文字)进行学习，有些人主要是通过听觉(如声音、音乐)进行学习，有些人主要是通过触觉(如操作、活动)进行学习，还有一些人则是通过多种通道进行学习的。因此，家长要了解自己学习的基本通道，并以此为基础，选择参与幼儿园教育的方式。

#### 1.视觉型家长

这类家长可多看看“家园小报”“家园之窗”“家园联系册”等上面的内容，还可通过电子邮件的形式与教师交流。

#### 2.听觉型家长

这类家长可多参加“家长会”“经验交流会”“辩论会”“家长学校讲座”“咨询”等活动，还可通过“接送时交流”“打电话”等形式与教师取得联系。

#### 3.触觉型家长

这类家长可通过参加各种各样的亲子活动，如参观、郊游、联欢会、运动会等，直接与教师交流。

#### 4.混合型家长

这类家长除了可选用上述方式之外,还可通过“开放日”“师访”与教师保持联络。

### (二)从自己的有利条件出发

每个人都有自己的优势和劣势,以及强项和弱项。家长要善于利用自身的有利条件,参与到家园社的合作共育中。

#### 1.职业的优势

不同的家长所学的专业、所从事的职业虽然不同,但都能与教师形成合作互补的关系,成为支持教师工作的重要一员。例如,一位学生物的父亲,当发现幼儿园正在进行“人体教育”时,可主动向教师请战,给幼儿讲上一课,利用人体模型,向幼儿传递人体结构的基本知识。

#### 2.兴趣特长的优势

有着不同兴趣爱好和专长的家长是教师的特殊伙伴,对幼儿的发展起着特殊的作用。例如,擅长唱歌、跳舞的家长,在幼儿园开展节日庆典活动时,可大显身手,为教师、幼儿表演歌舞或和师生一起载歌载舞;擅长绘画、书法的家长,可帮助教师提升美术技能,也可为幼儿园美化环境贡献力量。

### (三)从孩子的发展水平出发

学前教育机构往往会针对幼儿发展的不同情况,组织不同的活动,家长可针对孩子的实际情况,有选择地参与其中,以促进孩子的发展。

#### 1.动手活动

如果孩子的操作能力较强,家长就应鼓励孩子参加幼儿园举办的各种需要动手操作的比赛(比如制作玩具比赛、种植比赛等),以提高孩子的动手能力。如果孩子的动手能力较弱,那么,家长就应为孩子创造操作的条件,激发孩子操作的兴趣,培养孩子操作的信心,从易到难,逐步提高孩子的动手能力。

#### 2.动口活动

如果孩子的语言发展水平较高,那么家长就应为孩子提供展现其才能的时机,为孩子报名参加学前教育机构举办的各种比赛活动,如讲故事大赛、唱歌比赛、英语演讲比赛等。如孩子的语言发展水平较差,那么,家长就应多给孩子提供锻炼口语能力的机会,和孩子一道进入幼儿园的图书区,开展亲子共读活动,提高孩子的听说读写的能力,使孩子敢在人多的场合讲话,敢在陌生人面前说话。

#### 3.动脑活动

如果孩子的判断能力、推理能力较强,家长可引导孩子参加幼儿园组织的"智力大冲浪""脑筋急转"等活动,进一步提高孩子思维的敏捷性和变通性,助推孩子思维能力的发展。如孩子的分析能力、综合能力较为落后,家长就应多与孩子共同参加班级的思维训练活动,以丰富孩子的逻辑数理知识,提高孩子思维能力。

### (四)从家庭教育的问题出发

每个家庭在教育孩子的过程中,都会遇到这样或那样的棘手问题,家长可以此为据,选择参加幼儿园教育的内容。

#### 1.教育目标

家庭教育的目标究竟应如何定位?有着此类问题的家长,可通过幼儿园开展的"专家咨询日"等活动,向专家求教,以便为孩子的发展确立正确的目标。

#### 2.教育形式

家庭教育和幼儿园教育有什么不同?有着此类问题的家长,可到园观看教师与孩子的一日活动,了解孩子的学习特点和教师的教育方式,用有效的方式提高孩子学习的自觉性和有效性。

#### 3.教育方法

家长能不能对孩子说"不"?家长为什么不能打孩子、骂孩子?有着此类问题的家长,应及时向教师沟通或寻求教师的帮助,也可在幼儿园的图书室借阅相关图书杂志,自己寻找答案。

## 三、家长与教师合作共育的禁忌

家长要坚持做到以下几个"不"。

### 1.不炫耀学历

现代社会是个学习型的社会，家长们的学历普遍越来越高。作为家长，不应炫耀自己的高学历，如“我是医学硕士”“我是留学博士”等。因为，多数情况下，高学历家长会对教师产生巨大的心理压力，阻碍交往渠道的畅通。

### 2.不卖弄才能

谦虚是中国人的传统美德，家长也应继承发扬。在教师面前，不要特意拔高自己、故意表现自己，甚至吹嘘自己。如“我们单位的人那么多都能管理得下来，管理一个班级的学生不难呀”等。卖弄吹嘘，不但不会赢得教师的尊敬，反而还会引起教师的不满。

### 3.不轻视教师

教师职业应该是“太阳底下最崇高的职业”，应受到全社会的普遍尊重。家长不应轻视教师职业，看不起教师，视教师为保姆。家长要意识到，教师都是经过专门培训的，拥有上岗证书，懂得幼儿心理特点和教育规律，掌握了多种教育技能和技巧，像从事其他职业的人一样值得被尊敬。

### 4.不非议教师

家长不要在教师背后对教师评头论足，也不要当着孩子的面非议教师。例如，非议教师的容貌身材、穿着打扮、言谈举止等，这会降低教师在孩子心目中的威信。

### 5.不与教师计较

教师每天都要和几十个幼儿打交道，难免有照顾不周的地方，处理事情也难免有不妥之处。对此，家长要宽容大度、给予谅解。

### 6.不随意报告园长

教师都比较通情达理、善解人意，家长若对教师有意见和建议，最好能当面或通过电话、电子邮件等形式向教师表达出来，千万不要动辄就向园长或所长“打小报告”。这样，只会加深家长与教师之间的隔阂，甚至导致交往的中断。

# 任务四

# 教师与社区合作共育的角色及扮演

## 任务目标

1.能说出教师与社区合作共育的相关政策文件内容。

2.能说出教师在园社合作共育中扮演的角色。

## 任务准备

1.熟悉相关教师与社区合作共育政策文件,做好课前预习。

2.到幼儿园见习或实习。通过实践学会合作、沟通、包容,探索更多合作方式,成长为具有合作型理念的学前教育工作者,学会写总结。

## 工作表单

### 工作表单

**问题思考**

教师在利用社区资源进行教育的过程中,应该扮演哪些角色,怎样才能更好地扮演这些角色?

## 学习支持

社区是聚居在一定地域内的,具有相互关系的人群形成的生活共同体,即地域性的社会共同体。社区教育是运用该地域的各种资源,以促进该区域的全体公民发展为目标的各类教育活动。教师在运用社区资源进行教育时应该扮演哪些角色?怎样才能更好地扮演这些角色?

### 一、教师是社区教育资源价值的认识者

《幼儿园工作规程》中指出:"幼儿园应密切社区的联系与合作。"《幼儿园教育指导纲要(试行)》还重申:幼儿园应与家庭、社区密切合作,共同为幼儿的发展创造良好的条件。因此,教师要积极履行与社区合作的职责,扮演好社区教育资源价值的认识者角色。

### 二、教师是社区教育资源类别的发现者

《幼儿园教育指导纲要(试行)》指出,充分利用自然环境和社区的教育资源,扩展幼儿生活和学习的空间。幼儿园同时应为社区的早期教育提供服务。社区里有着各种各样的教育资源,教师要积极主动地去寻找去发现,整合资源、设计活动、创设必要的物质条件,为幼儿的全面发展提供资源。

### 三、教师是社区教育资源整合的设计者

教师要以幼儿为本,把幼儿园、家庭和社区中的各种资源加以整合,设计出科学合理的教育计划和活动方案,为资源的开发利用创造必要的前提条件。

教师要担负社区教育资源整合的设计者角色。比如,幼儿都喜欢吃蛋糕,教师就可设计"参观糕点店"的活动,让幼儿在观看糕点师制作蛋糕、自己学做蛋糕、品尝各种蛋糕的过程中,习得有关营养学的知识,培养动手操作的能力,产生对糕点师的敬佩之情。

### 四、教师是社区教育资源开发的邀请者

社会各界人士都有自己的聪明才智,都是幼儿园极其宝贵的人力资源。教师要热诚地邀请他们来园进班,以便更好地实施教育计划,促进幼儿的成长发展。

教师担负邀请者的角色，主要有以下两点原因：一是《幼儿园工作规程》号召教师要积极“争取社区支持和参与幼儿园建设”；二是国际幼儿教育发展的呼唤，《全球幼儿教育大纲》不仅要求教师“提供机会让家庭及社区代表观察幼儿园活动”“让志愿者进入教室帮助开展教学工作”“让家长运用自己的特长帮助幼儿园，或让家长和儿童一起准备教学材料”，而且还要求教师“和心理学工作者、社会工作者、健康卫生人员、工商人员、公共服务机构、学校、宗教组织、休闲娱乐机构及家庭联合会等建立合作关系”。

扮演好社区教育资源开发的邀请者，教师要做好以下几点：一是鼓励社会各界人士来参与幼儿教育活动；二是教师要全面了解家长、社区志愿者、商业伙伴、地方艺术家和当地居民的职业特征、服务类型、生活方式等；三是广泛聘请家长和社区居民来做志愿者，向他们传授成为幼儿良师益友的“锦囊妙计”，促进家园社共育功效发挥。

## 五、教师是社区教育资源利用的行动者

发挥学校、家庭、社会各自的教育优势，充分利用社会资源形成教育合力，促进学校教育、家庭教育、社会教育的一体化。教师要躬行实践，带领幼儿走出园门，进入社区，实地观察自然现象和社会生活，把园内活动与园外活动有机地结合起来，以拓展幼儿的学习空间，提高幼儿的生活质量，促进幼儿教育质量。

教师扮演好社区教育资源利用者应做到以下几点：一是争取家长的配合和支持。二是从资源的实际情况出发，根据幼儿园附近资源的特点，因地制宜地开展活动，最大限度地提高场地、设施、器械的使用率，为幼儿的体验性、探索性学习创造条件。三是巧妙利用好医院、公安局、消防站、邮政局、广播站、电视台、报社和杂志社等资源，带领幼儿进行参观学习。

## 六、教师是社区教育资源展示的参与者

《关于幼儿教育改革与发展的指导意见》呼吁教师面向家长开展多种形式的早期教育宣传、指导等服务。教师不仅要身体力行，主动投入到社区的生活中去，而且还要组织幼儿参加社区的各种活动，鼓励家长带领孩子参与社区的亲子活动，以便为社区的发展做出应有的贡献，并使社区能更好地了解幼儿园。

## 七、教师是社区教育资源效能的评价者

教育部门要建立社区和家长参与幼儿园管理和监督的机制，建立科学的评价体系。《全球幼儿教育大纲》指出，“要在社区内建立幼儿教育的评价评估机制”，“和家庭及社区代表合作制订课程计划、管理及评估”。为此，教师要全面评价社区教育资源对幼儿、幼儿园、家庭和社区所产生的积极影响，以充分发挥社区教育资源的潜在效能，推动幼儿园的可持续发展，促进教师的专业成长。

扮演好社区教育资源效能评价者，教师应做好以下几点：一是评价主体的协作性；二是评价内容的全面性；三是评价方法的多样性；四是评价客体的多元性。通过有效评价和充分利用提高办园满意度和社会影响力。

## 项目小结

幼儿园与家庭、社区的合作共育，既有必要的现实意义，也有重要的理论支撑。教师和家长只有发挥出自身的特色和作用，才能使幼儿园、家庭、社区三方真正协作起来，共同为幼儿的发展出谋划策、尽心尽力。

## 思考与练习

1. 幼儿园与家庭、社区合作共育有哪些价值？
2. 教师在合作共育中应扮演什么角色？

## 直通赛证

### 材料分析题

周老师是一名乡村幼儿园教师，她所带班级孩子的父母大部分在外打工。周老师经常在班上组织“娃娃家”游戏。在游戏中，周老师扮演“妈妈”的角色，搂搂这个，亲亲那个，“宝贝”们在“妈妈”的怀里幸福地撒着娇。

妮妮常常把小手弄得脏脏的，还喜欢吸吮手指，导致常拉肚子。一天，周老师看到妮妮没有洗手就拿点心吃，就把她带到水池旁，一边教她洗手一边说：“脏脏的小手上有许多细菌，不洗手就拿东西吃，会生病的。以后我们天天把小手洗得干干净净，做个健康的小宝宝，好吗？”妮妮使劲点点头，不好意思地笑了。

周老师还发现妮妮非常喜欢看书。由于妮妮的父母在外地打工，她跟爷爷奶奶生活在一起，可是爷爷奶奶识字不多，没法陪她一起阅读，周老师就经常给她讲故事、念儿歌。周老师打电话给妮妮的妈妈说："妮妮是个可爱的孩子，就是不太喜欢说话，建议你们经常打电话给她，让她感受到你们的爱。"周老师还经常利用微信与妮妮的妈妈沟通、交流。

周老师觉得自己对幼儿的心理特点了解不够，有些问题不能妥善处理，于是主动参加培训学习。

请结合材料，从教师职业道德的角度评析周老师的教育行为。

## 推荐阅读

1. 李建丽，《家园共育手册》。推荐理由：该书主要为纪念西城区棉花胡同幼儿园建园60周年而编写，介绍了西城区棉花胡同幼儿园、5—6岁孩子的年龄特点及教育建议、5—6岁年龄段孩子的发展水平及家庭教育建议、亲子游戏、幼儿文明礼仪公约，以及幼儿一日生活儿歌等内容。本书适合作为普通高校、职业院校学前教育专业学生的课后读物，也适合作为幼儿园一线教师的培训指导用书，还适合作为幼儿家长们的学习参考。

2. 周梅林，《学前儿童社会教育活动指导》。推荐理由：该教材立足幼儿师范院校学前儿童社会教育的教学实际，力图较好地体现《幼儿园教育指导纲要（试行）》的基本精神，体现学前儿童社会教育的理论与实践研究的最新成果，同时将研究领域拓展到整个学前期，以更好地适应社会和学校自身发展的需要。本教材的每章内容均包括学习要点提示、学前儿童社会教育的有关理论和观点阐述、典型案例及案例分析、参考资料、课后思考与练习、附录资料，从多侧面、多角度呈现教学内容，方便教师操作和使用。

## 拓展阅读

### 教育故事1

陈鹤琴的儿子陈一鸣很小的时候，只要听说到外面去，马上就高兴得笑逐开颜、手舞足蹈。他很喜欢到大自然中去，喜欢看路上的行人、喜欢听自然界的声音和看小动物。陈鹤琴和家人每天总忘不了抱他出去看看。

到了陈一鸣年龄稍大一点，略能了解人事的时候，陈鹤琴常常牵着陈一鸣的手到街上或公园里散步。凡是陈一鸣喜欢看的东西，陈鹤琴就会停下脚步陪他看看。比如驴子磨豆，机匠织布，衣庄里做衣服，市场里卖菜，煎油条做烧饼，耍拳头，变戏法，等等。看的时候，陈一鸣有不懂的地方，陈鹤琴就告诉他，使他的知识渐渐丰富起来。

在天气晴朗的日子里，陈鹤琴经常带陈一鸣到户外去，让他抬头看看蓝天、白云和飞鸟，低头看看草木、昆虫，搜寻石子等作为研究样本。

后来，陈鹤琴又带陈一鸣去各地旅游写生。陈一鸣6岁的时候就同陈鹤琴一起攀登过黄山险峰。在父亲的鼓励下，陈一鸣沿途写生，将祖国山川、大海及农家、小贩等各种形象，都收到了他自己的小小画板上。

## 教育故事2

子夏是孔子的学生。有一年，子夏被派到莒父（现在的山东省莒县境内）去做地方官。临走之前，他专门去拜望老师，向孔子请教："请问老师，怎样才能治理好一个地方呢？"孔子十分热情地对子夏说："治理地方，是一件十分复杂的事。可是，只要抓住了根本，也就很简单了。"孔子向子夏交代了应注意的一些事后，又再三嘱咐："无欲速，无见小利。欲速，则不达；见小利，则大事不成。"这段话的意思是：做事不要单纯追求速度，不要贪图小利。单纯追求速度，不讲效果，反而达不到目的；只顾眼前小利，不讲长远利益，那就什么大事也做不成。子夏表示一定要按照老师的教导去做，就告别孔子上任去了。后来，"欲速则不达"作为谚语流传下来，经常被人们用来说明过于性急图快，反而适得其反，不能达到目的。

# 项目四

# 家园协同促家风

## 学习目标

### 知识目标

1. 了解家长会、亲子活动、家长助教的准备事项；

2. 掌握活动开展的程序；

3. 了解活动的风险及应对措施。

### 能力目标

1. 能够独立主持家园活动；

2. 能够做好助教工作。

### 职业素养目标

1. 感知活动中的家风作用，树立良好家风意识；

2. 尊重家长参与合作共育的态度。

## 学习重难点

### 学习重点

1. 掌握活动开展的基本程序和主要内容；

2. 了解活动开展的基本要求。

### 学习难点

1. 说出活动内容；

2. 提出防范活动风险的措施。

## 思维导图

- 家园协同促家风
  - 家长会
    - 前期准备
    - 活动流程
    - 后期工作
    - 活动方案示例
  - 亲子活动
    - 前期准备
    - 活动流程
    - 风险预测与应对措施
    - 后期工作
    - 活动方案示例
  - 家长助教
    - 内容挖掘
    - 前期准备
    - 活动流程
    - 后期反馈
    - 活动方案示例

# 任务一

# 家长会

## 任务目标

1. 能够说出家长会工作前期准备的主要事项；

2. 能够说出家长会工作的基本流程。

## 任务准备

1. 收集一线“家长会活动”优秀案例，撰写“家长会活动”案例，供教师对比讲解、教学分析。

2. 到幼儿园、社区参加活动，观察幼儿园教师、社区人员和家长体态、仪表、谈话技巧、语言等内容，做好上课时模拟召开“家长会”的准备。

## 工作表单

### 工作表单

**小组讨论**

召开家长会的主要环节有哪些？想一想，并填在下面框格中。

## 学习支持

《幼儿园教育指导纲要(试行)》指出:“家庭是幼儿园重要的合作伙伴。”幼儿教育是多层次、多元化的系统工程,是家庭、幼儿园及社会教育的综合体。为此,有效地组织召开家长会,是实现家园合作的有效途径之一。

### 一、前期准备

#### (一)内容准备

(1)确定家长会的性质和类型,明确家长会的目的;

(2)梳理家长会主要内容,拟定家长会提纲;

(3)召开年级会议,研讨家长会的主要内容和流程,解读各环节的关键要点;

(4)对家长会内容进行试讲,既重点关注内容的完整性与主次性,也特别关注环节的顺畅性与自然性。

#### (二)物质准备

(1)制作家长会视频(包含自我服务篇、主题活动篇、自主游戏篇、户外活动篇、社区活动篇、家长助教篇、大型活动篇)。

(2)撰写家长会邀请函(见图4-1-1),准备邀请卡、签到表、观摩记录表及调查问卷等。

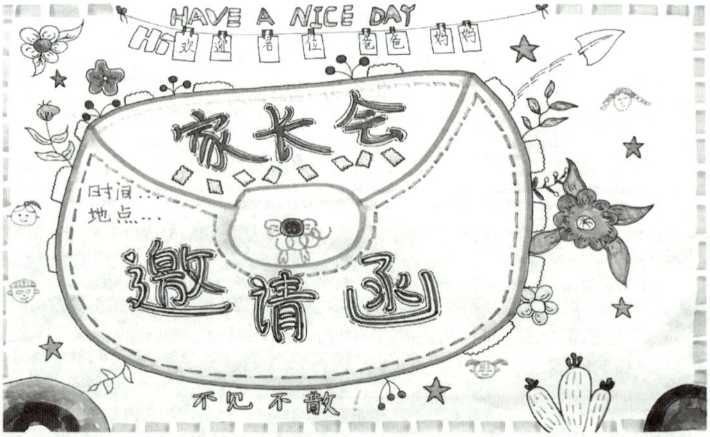


图4-1-1　家长会邀请函

(3)准备家长会所需物品:桌椅、电脑、投影仪、翻页笔、音响、话筒、纸、笔等。

## 二、活动流程

### (一)准备环节

(1)设置签到处,供家长进行签到,如图4-1-2所示;

(2)观看幼儿成长视频。

图4-1-2 家长会签到处

### (二)不同类型家长会的主体环节

#### 1.新生家长会的主体环节

(1)介绍幼儿园的整体情况:园所环境、基础设施、领导队伍、教师队伍、课程架构等。

(2)介绍班级概况:教师团队、幼儿现状等。

(3)介绍幼儿园作息时间表和一日生活流程。

(4)进行“新生入园适应”主题讲座。

(5)介绍新生适应课程的内容和要点。

#### 2.学期家长会的主体环节

(1)介绍新学期班级概况,重点介绍新教室、新生及新教师。

(2)回顾幼儿上学期的成长与变化。

(3)介绍新学期课程,明晰活动目标,讲解活动对幼儿成长的价值和意义,鼓励家长提供适宜的教育资源,参与教育过程。

(4)介绍新学期幼儿园大型活动,突出大型活动是家长参与幼儿教育的重要契机,是了解班级的重要窗口,鼓励家庭成员积极参与。

### 3.主题家长会的主体环节

(1)分析幼儿的年龄发展特点、典型表现,以及幼儿园面临的困境和其原因。

(2)阐释幼儿园面对此困境采取的工作方法和取得的成效。

(3)详细介绍幼儿园与此相关的教育理念,传递科学的教育观点。

(4)交流家庭教育经验,携手合作开展家园共育。如图4-1-3所示。

图4-1-3　教师召开家长会

### (三)结束环节

(1)感谢家长的到来和积极参与。

(2)提醒家长及时完成家长会调查问卷并提交记录表等。

## 三、后期工作

(1)统计分析调查问卷数据。

(2)分析各班观摩记录表。

(3)做好家长会总结。

(4)整理相关成果。

## 四、活动方案示例

### "孩子健康成长,共创'绿色'环境"主题家长会方案

一、活动目标

1.通过家长会,家长更了解我园的工作情况,教师更了解幼儿在家的喜好和兴趣以及家长对孩子的期望。

2.介绍幼儿在园一日生活的各环节，使家长与幼儿园达成共识，形成教育合力。

3.介绍幼儿园优势，展现优质的教学质量和服务水平。

## 二、活动准备

1.各班教师准备发言稿，并上交办公室审查。

2.各班老师负责通知到每一位家长，要求每位家长参加（包括通知请假幼儿的家长，尽量争取所有家长参加此次活动）。

3.各班老师利用家长平时接送幼儿的时间，了解家长需求，提前把需要帮助与协同处理的问题写下来。

## 三、活动过程

班级家长会内容：家长会是“告知”与“聆听”，是与家长携手一起做幼儿的教育工作。例如在家长会上，作为小班的老师，要告诉家长：为了每一个孩子的全面发展，教师在做什么，教师为什么要这样做，希望家长怎样配合，教师能为家庭教育给予哪些帮助……教师要聆听的是：对于幼儿园的要求，家长有哪些困惑？在家庭教育中，家长感到困难的是什么？最希望幼儿园教师在哪些方面给家长提供帮助？

1.介绍班级的整体情况，包括每一位孩子的整体发展情况（要求能提及每个孩子）。如图4-1-4所示。

2.学期的主题活动介绍以及家长配合的情况（可举例说明）。

3.家长分享的教育经验。

4.探讨与商议。

图4-1-4　家长会，教师介绍班级情况

### 四、结束环节

1.教师围绕“相信、放手、陪伴、引导、坚持、耐心”六个关键词总结家长会。

2.再次感谢各位家长能够积极参与研讨、发言,一起为孩子的健康成长出谋划策。

3.请各位家长继续关注并积极参与幼儿园的各项活动,共促孩子的健康成长。

## “自我管理”主题家长会活动方案

### 一、活动目的

1.帮助家长了解幼儿培养重点,提升幼儿自我管理的能力,增强幼儿自我服务和为集体服务的自觉性。

2.帮助家长转变观念,从实际出发,结合幼儿的生活及经验,学习引导幼儿进行自我管理的策略。

3.加强与家长的联系,鼓励家长积极参与家园共育活动。

### 二、活动过程

1.活动背景

幼儿有一定的生活自理能力,可以为集体做些力所能及的事情,但是自我服务和为集体服务的自觉性不够,需要老师提醒和督促。另外,家长对于孩子自己的事情自己做的观念逐渐弱化,出现较多帮孩子背书包、拿水壶、放晨检卡等情况,剥夺了孩子自我管理的权利。本学期家长会选择“自我管理”主题,目的在于回归生活,帮助孩子实现自我管理,走向自觉。

2.自我管理的概念

(1)思考:什么是自我管理?

家长先表达自己的理解,教师将关键词记录在小黑板上。

(2)自我管理的概念。

自我管理是指引导幼儿在他们力所能及的范围内,通过生活游戏和与人交往等,在语言、情感态度、行为能力等方面,培养幼儿自我约束、自我调控、自我调节、自我控制等一系列的能力。自我管理是自我教育的基础,是幼儿的内在需要,它包括自我服务、情绪管理、健康管理、时间管理、学业管理、钱币管理六个方面。

3.树立“孩子能自我管理”的观念

(1)思考讨论:自我管理重不重要?自我管理能力强的人有哪些表现?自我管理能力弱的人有什么特点?

教师及时在小黑板上记录家长表达的关键词。

(2)小结:自我管理是孩子自我认知的过程,能够帮助孩子发现自己的优点,同时让他们学会接纳自己的缺点,做自己力所能及的事情,不断提升自信,拥有乐观的态度和积极向上的心态,不断成为更好的自己。

4.家长相信“孩子有自我管理的能力”

(1)讨论:请家长们分组讨论,“愿意放手让孩子做的事情”和“不愿意放手让孩子做的事情”,并将讨论结果分别记录在白纸上或黑板上。

①围绕“愿意放手让孩子做的事情”,请家长分享在家里是如何培养孩子自我管理的能力的。

②根据“不愿意放手让孩子做的事情”,分析家长不放手的原因。遇到有争议的做法,引导家长互相交流和沟通。

(2)播放幼儿在园自我管理的视频,让家长看后分享感受,教师进行引导。播放幼儿在园值日劳动、自主取餐(使用新餐具)、照顾植物、分发材料等视频。与家长分享视频中孩子成长的过程,引导家长关注孩子在园自我管理的历程,如开始、中间和最后环节里孩子的表现、学习和调整。教师向家长分享幼儿园的做法,如创设环境、提供适宜的工具等。

5.引导孩子自我管理

(1)让孩子意识到进行自我管理的重要性。

(2)给予孩子选择的权利。

(3)把任务细致化,并给孩子做示范,教给孩子正确的方法。

## 三、结束环节

(1)欣赏视频《鹬》,请家长谈谈自己的感受和收获。

①在这个视频中,小鸟是怎样成长的?鸟妈妈是怎么做的?

②教师围绕“相信、放手、陪伴、引导、坚持、耐心”六个关键词总结家长会。

(2)再次感谢各位家长能够积极参与研讨、发言,一起为孩子的发展出谋划策。

(3)请各位家长继续关注并积极参与幼儿园的各项活动,一起助力孩子的成长。

# 任务二

# 亲子活动

## 任务目标

1. 能根据亲子活动主题设计相关活动；

2. 能够有情感地开展活动；

3. 能对活动的开展做出安全风险预判。

## 任务准备

1. 提前预习“亲子活动”的相关知识。准备好基本生活用品、运动装、食物和水等相关用品、安全必备用品，做好模拟开展“亲子活动”教学实践的准备。

2. 到幼儿园参加幼儿园开展的“亲子活动”，强化实践经验，尝试撰写活动总结。

## 工作表单

### 工作表单

**小组讨论**

小班开展亲子户外活动，小朋友到户外存在一定的安全隐患。请小组讨论：如果你是带班老师，你的安全风险预判及防范措施是什么？

| 安全风险预判 | 防范措施 |
| --- | --- |
| | |
| | |
| | |
| | |

## 学习支持

亲子活动具有情感性、生动性、趣味性等突出特点，为幼儿、家长、教师三者创造舒适自在的空间，营造信任与和谐的氛围，是幼儿园进行亲子教育的主要实施途径。节日具有丰富的教育意蕴，是促进幼儿成长与发展的重要契机。当前，可利用的节日类型是多样的，包括传统节日、国际节日、民族节日、地域性节日等。幼儿园以节日为抓手开展亲子活动，可以达到分享节日快乐、促进幼儿发展、增进亲子情感、密切家园关系等多重目标。

微视频：
《我爱你中国》

### 一、前期准备

#### （一）策划准备

（1）撰写节日亲子活动策划方案，确定活动流程、人员和工作安排。

（2）召开节日亲子活动筹备工作会议。

#### （二）物质准备

（1）规划节日亲子活动的场地。

（2）购买与制作活动所需的材料和装饰品，为节日营造欢乐、喜庆的气氛。

（3）准备节日活动的设备，并积极做好调试工作。

#### （三）其他准备

（1）各班级召开节日亲子活动家长会：帮助家长了解活动对幼儿成长发展的价值与意义；明确家长需要配合与支持的方面，让家长了解共同参与的工作内容和基本要求。

（2）建立亲子节日活动家长资源库：物质资源、人力资源、社会资源等。如借用家长提供的优质设备，借用社区的场馆资源，邀请社区内艺术团等人力资源。

（3）招募家长义工进行协助：如摄影、扮演吉祥物、布置场地等。

## 二、活动流程

### （一）准备环节

（1）教师提前布置好活动场地，幼儿和家长按时到达活动场地。

（2）幼儿、家长、教师、工作人员做好开场准备。

### （二）开场环节

（1）主持人简单介绍活动的主题和意义，对幼儿和家长表示欢迎。

（2）通过开场表演调动现场气氛。如图4-2-1所示为庆祝国庆节亲子活动的现场图。

（3）主持人简单介绍游戏目的、游戏内容、游戏规则等。

图4-2-1　庆祝国庆节亲子活动

### （三）核心环节

幼儿在家长的陪伴下积极参与和体验，遵循游戏的规则；教师在亲子活动的过程中做好指引与支持，及时解决问题，保障活动顺利进行。

### （四）庆祝环节

（1）主持人现场进行随机采访。让幼儿、家长、教师能够及时分享游戏的快乐，表达节日祝福，渲染活动氛围。

（2）集体进行狂欢活动。通过集体律动、集体歌唱、集体走秀、集体朗诵等方式，将节日的欢乐气氛推向高潮。

（3）派发节日小礼物，传递节日祝福。

### (五)结束环节

(1)宣布活动结束。

(2)班级合影留念。

(3)整理场地。

(4)颁奖,如图 4-2-2 所示。

图 4-2-2　亲子活动颁奖仪式

## 三、风险预测与应对措施

(1)天气问题:留意天气预报,做好预案。如天气太热,可以使用太阳伞或帐篷;如遇下雨,可以考虑改期或换场地。

(2)设备问题:所有现场设备提前调试;备好充分的资源;建立应急方案;安排专业人员专门负责,及时解决问题。

(3)安全问题:活动开始前多次检查场地安全,及时排除安全隐患。

## 四、后期工作

(1)撰写通讯稿。

(2)挑选节日亲子活动照片,制作成果视频。

(3)及时收集家长的评价、反馈与建议,做好总结工作。

(4)收集节日亲子活动中的成长小故事,幼儿分享筹备和参与活动的感受和收获。

(5)将节日亲子活动与主题、生活相关联,做好延伸活动。

## 五、活动方案示例

### “欢庆中国年”活动方案

一、活动目标

1.正值元旦来临之际，通过本次活动培育幼儿对节日的认知、对中国文化的了解。

2.加强家园工作的和谐关系。

3.培育幼儿团结协作的意识，增加幼儿舞台表演的经历。

二、活动准备

1.确定“欢庆中国年”活动方案，设计活动流程和人员安排。

2.召开活动筹备工作会议，让各位教师明确自己的工作内容。

3.布置活动场地，安装灯光、音响等设备。

4.召开家长会，使家长明确活动内容和需要提前做好的准备。

5.提前联系可提供支持的家长。

三、活动过程

1.全场倒计时，用亮灯仪式逐步点亮幼儿园活动场地，宣布“欢庆中国年”活动开始。

2.集体游戏。

(1)游戏“抢板凳”规则：家长抱孩子抢椅子，当音乐停止的时候，家长要和孩子一起坐到椅子上，没有抢到板凳的出局。分两次进行，每次五组家庭。如图4-2-3所示。

图4-2-3 “抢板凳”游戏活动

(2)游戏“水果蹲”规则：幼儿头戴水果头饰，家长和幼儿一起蹲，听到自己头顶上的水果被叫到就立刻蹲下，然后指定其他“水果”蹲，分组进行，每次五组家庭。依次进行。

3.才艺展示。

(1)钢琴演奏(某某同学家长)。

(2)幼儿集体歌曲《新年好》。

4.亲子互送礼物表达祝福。

5.主持人宣布活动结束，合影留念。

四、活动延伸

1.请幼儿分享自己在筹备和参与过程中的感受和收获。

2.请家长和幼儿分享筹备过程中有关合作的小故事。

# 任务三 家长助教

## 任务目标

1. 能协助带班老师做出活动方案；
2. 能客观地评价活动方案。

## 任务准备

1. 提前预习“家长助教”的相关知识。
2. 到幼儿园参加幼儿园开展的“家长助教”，尝试撰写活动方案。

## 工作表单

### 工作表单

**小组讨论**

家长助教活动的主要特点是什么？想一想，并填在下面框格中。

## 学习支持

家长助教已成为幼儿园教育活动中的一种全新形式。开展助教活动，让家长能够直接参与到幼儿教育工作中来，配合教师完成教育教学活动，对发挥家园共育的作用有着重要现实意义。

### 一、内容挖掘

#### 1. 内容挖掘的依据

家长助教活动的内容挖掘，应根据幼儿的发展需要、幼儿的成长规律、幼儿的实际生活和幼儿的兴趣爱好来进行。

#### 2. 内容挖掘的来源

可以依据家长资源调查的统计结果，对家长资源进行归类、分析和整合，以主题课程、重要节日、关键事件等为重要载体对家长资源进行有效利用。

### 二、前期准备

前期准备可以从活动的相关主体出发进行考虑，包括幼儿准备、家长准备和教师准备。前期准备主要从物质、经验和环境三个方面考量。

#### 1. 幼儿准备

幼儿的经验准备是保障活动有效实施的前提条件。

#### 2. 家长准备

家长准备包括准备助教活动的适宜内容，也包括准备活动所需的相关材料，如PPT、视频、图片、材料包等。

#### 3. 教师准备

教师需要邀请家长；确定家长助教的具体内容和方式；准备助教活动所需的物质材料和环境布置。

## 三、活动流程

首先,是家长的自我介绍。家长助教是以班级为单位开展的活动,且助教家长是本班孩子的家长,可以采取的介绍方式有三种:一是幼儿对自己的爸爸或妈妈进行介绍;二是家长进行自我介绍;三是教师对家长进行介绍。

其次,是活动过程的组织。活动过程一般包括讲解、演示、互动、体验、游戏等内容,活动的类型和内容不同,家长助教的组织方式也不同。

最后,是助教活动的结束。结束环节既包括对本次活动内容的总结与延伸,也包括对家长来园的感谢与鼓励。

## 四、后期反馈

反馈主要包括两个方面,一是反馈助教活动过程的实际情况,二是反馈助教活动之后的持续影响。反馈既体现了教师对幼儿行为表现的关注和支持,也表达了教师对家长助教行为的肯定和鼓励。

家长助教活动过程的实际反馈有两种:一是教师向家长反馈,包括助教活动中教育内容的适宜性、教学过程的衔接性、教育方式的多样性、教学用语的规范性与童趣性、教育目标的实现程度、幼儿的互动情况等;二是家长向教师反馈,主要是家长在助教活动中的收获、感想与反思。

家长助教活动之后的持续反馈:内容主要包括幼儿在活动之后的兴趣状况、游戏活动、话题讨论和行为变化等。

## 五、活动方案示例

### "预防龋齿,从我做起"活动方案

一、家长信息

医生,著名牙科专家。

二、活动目标

1. 引导幼儿初步了解龋齿的原因和危害。

2. 让幼儿明白牙齿是人体的一个重要器官,知道保护它。

3. 帮助幼儿树立保护牙齿健康的意识。

### 三、活动准备

1. 电脑、音响、动画软件。

2. 小牙刷、茶杯。

### 四、活动过程

1. 猜谜(引出课题,了解牙齿的作用)

(1)幼儿猜谜语。

(2)出示牙齿模型,了解牙齿的作用。

小结:方方的牙齿可以切断食物,尖尖的牙齿可以撕拉食物,扁扁厚厚的牙齿可以把食物磨碎。它们各有各的作用,都可以帮助我们把食物嚼碎,吸收食物的营养,使我们的身体长得健康结实。

2. 了解龋齿形成的原因及危害

(1)看动画片,提问:小朋友“某某”同学的牙齿为什么会疼?

图4-3-1　患虫牙表情图

(2)边看边了解龋齿产生的原因。①吃了东西就睡觉。②小细菌“小红脸、小蓝脸”在牙齿里住下并做坏事。③牙齿会变成什么样子?

(3)“小红脸、小蓝脸”有没有找过你们?展示患虫牙表情图(如图4-3-1),引导幼儿谈一谈自己得龋齿的感受。

(4)了解龋齿的危害。

小结:爱吃甜食,吃过东西就睡觉,不爱刷牙的小朋友,细菌就会在他的牙齿里住下来,把牙齿弄黑、弄坏,弄出小洞。这样就不能很好地咀嚼食物,而且还很疼,影响吃饭睡觉,说话也不清楚,牙齿也变得不好看了。

3.教会幼儿如何保护牙齿。

(1)怎样将“小红脸、小蓝脸”赶走?念刷牙歌、教会小朋友正确的刷牙方法。

(2)怎样才能不让“小红脸、小蓝脸”再来?

小结:牙齿对我们很重要,我们要保护牙齿。每天早上和睡觉前要刷牙,刷牙方法要正确;吃完东西要漱口,保持牙齿的清洁;少吃甜食。这样才能赶走“小红脸、小蓝脸”这些小细菌。如果牙齿有了小洞,要及时补好,并改正自己的不良习惯,不要让小细菌再来。

### 五、活动效果与反思

身为牙科专家的家长为孩子们开展了一次丰富有趣的家长助教活动,内容充实,形式多样。通过聆听、观察和体验,孩子们对医生的工作内容和工作方法有了基本的认识和了解,这有助于减少孩子们对医生的恐惧感。本次活动让孩子们、老师们收获颇丰。另外,这样的助教为家园共育提供了有力支持,有利于孩子养成良好的生活卫生习惯。

总之,家长助教活动旨在充分利用与发挥家长的职业资源与优势,促进幼儿全面发展和实现家园共育。

## 项目小结

所谓家园协同,是指幼儿园和家庭都把自己当作促进儿童发展的主体,双方积极主动地相互了解、相互配合、相互支持,通过幼儿园与家庭的双向互动、共同促进儿童的身心发展。家园协同主要内容包括:主动向家长了解孩子出生、成长的情况和个性特征;保障家长的知情权和参与权,鼓励家长参与幼儿园的管理与监督;在幼儿园课程建设中吸纳家长的意见,并充分利用家长的教育资源;向家长传递科学的教育理念与方法,提高其养育孩子的能力。

## 思考与练习

1.你认为在教学过程中,教师应如何发挥家长的作用?

2.请你参考本项目案例,设计一个家园合作共育的教学活动方案。

## 直通赛证

一、简答题

简述社区在幼儿园教育中的作用。

二、论述题

要求：(1)写出主题活动总目标。(2)写出其中一个子活动的活动方案，包括活动的名称、目标、准备和主要环节。

## 推荐阅读

1. 周宗清，《幼儿园社会活动指导》。推荐理由：该教材共九章，主要内容包括：幼儿社会教育概述、幼儿园社会情感活动、幼儿园社会规范活动、幼儿园社会交往活动、幼儿园社会环境活动、幼儿园社会文化活动、幼儿社会行为问题的干预和矫正以及幼儿园社会教育评价等。

2. 周世华，《学前儿童社会教育》。推荐理由：该书着眼于课(专业课程内容)、岗(典型职业岗位技能)、证(幼儿园教师资格证考试)有机融合，配以数字化资源，以新形态、全媒体、立体化的形式呈现。突出知识的完整性、系统性、关联性；以提高幼儿园教学活动组织指导能力为目的，注重实践能力训练。内容包括：概述、自我意识与教育活动、社会认知与教育活动、社会情感与教育活动、社会交往与教育活动、社会适应与教育活动、个性发展与教育活动，以及多元文化与社会教育。

## 拓展阅读

### 重阳节的由来及习俗

一、重阳节的由来

重阳节是中华民族的传统节日，又称“老人节”。因为《易经》中把“六”定为阴数，把“九”定为阳数，九月九日，日月并阳，两九相重，故而叫重阳，也叫重九。古人认为九月九日是个值得庆贺的吉利日子，并且从很早就开始过此节日。

关于重阳习俗活动最早的文字记载见于《吕氏春秋·季秋纪》：“(九月)命家宰，农事备收，举五种之要。藏帝籍之收于神仓，祗敬必饬。是日也，大飨帝，尝牺牲，告备于天子。”可见当时已有在九月农作物秋收之时祭天帝、祭祖，以谢天帝、祖先恩德的活动。这是远古时期，重阳节作为一种祭祀活动而存在的原始形式。早期的重阳文化，反映的是上古文明社会自然崇拜、天人合一的人文精神；一系列的重阳祭祀活动，则蕴含着祗敬感德、礼乐文明的深邃文化内涵。《西京杂记》中记载，西汉时的宫人贾佩兰称："九月九日，佩茱萸，食蓬饵，饮菊花酒，云令人长寿。"相传自此时起，有了重阳节求寿之俗。据说这是受古代巫师(后为道士)追求长生，采集药物服用的影响。

## 二、重阳节的习俗

### 1.登高

在古代，民间在重阳有登高的风俗，故重阳节又叫"登高节"。相传此风俗始于东汉。唐代文人所写的登高诗很多，如王维的《九月九日忆山东兄弟》：独在异乡为异客，每逢佳节倍思亲。遥知兄弟登高处，遍插茱萸少一人。重阳节"登高"，如图4-3-2所示。

图4-3-2 重阳节"登高"

### 2.吃重阳糕

据史料记载，重阳糕又称花糕、菊糕、五色糕，制无定法，较为随意。九月九日天明时，以片糕搭儿女头额，口中念念有词，祝愿子女百事俱高，乃古人九月做糕的本意。讲究的重阳糕要做成九层，像座宝塔，上面还做两只小羊，以符合重阳(羊)之义。

### 3.赏菊并饮菊花酒

重阳节正是一年的金秋时节，菊花盛开，相传赏菊及饮菊花酒，起源于晋朝大诗人陶渊明。陶渊明以隐居出名，以诗出名，以酒出名，也以爱菊出名。后人效之，遂有重阳赏菊之俗。

### 4.插茱萸和簪菊花

重阳节插茱萸的风俗，在唐代就已经很普遍。人们认为在重阳节这一天插茱萸可以避难消灾；或佩戴于臂，或作香袋把茱萸放在里面佩戴，还有插在头上的。大多是妇女、儿童佩戴，有些地方，男子也佩戴。

5. 放纸鹞

放纸鹞是惠州过重阳节的主要习俗。换句话说，惠州民间过重阳节是以放纸鹞为主要特征的。此习，除惠州流传的民谣中有叙述以外，光绪《惠州府志》亦有记述。

纸鹞即现在的风筝。风筝是五代以后的称谓，五代之前，北方习惯称“纸鸢”，南方则多叫“鹞子”，惠州的“纸鹞”称谓很明显是保留了五代以前的古老名称，且有“南北混合”的味道。

6. 晒秋

重阳节是最好的赏秋时期，中国南方还有些山区村落保留了“晒秋”习俗。去乡村赏民俗、看晒秋，已成为乡村旅游的一种时尚。“晒秋”是一种典型的农俗现象，具有极强的地域特色。湖南、广西、安徽、江西等地生活在山区的村民，由于地势复杂，村庄平地极少，只好利用房前屋后及自家窗台屋顶架晒、挂晒农作物，久而久之就演变成一种传统农俗现象。

7. 祭祖

重阳节是中国传统四大祭祖节日之一，古代民间素有祭祖祈福的传统。随着历史的发展演变，不少地方家族观念和祭祖观念正日渐淡薄。古时重阳祭祖的传统习俗在岭南一带仍盛行，人们会在每年的重阳节举行祭祖活动。

无论是祭祖活动还是登高远望，其最根本的作用是增强人们文化认同感，加强家族和社会的凝聚力。

## 项目五

# 园社协同搭平台

### 学习目标

**知识目标**

1. 了解关爱他人、关心社区和关爱自然的相关内容；
2. 初步掌握科学探究的基本知识；
3. 初步掌握艺术表现的常见形式。

**能力目标**

1. 能根据艺术表现形式对幼儿进行科学探究指导；
2. 能对园社资源进行有效挖掘并充分利用。

**职业素养目标**

1. 体验关心他人、关爱社区、关爱自然的愉悦；
2. 感知人文和自然美。

### 学习重难点

**学习重点**

1. 了解科学探究的基本知识；
2. 掌握艺术表现的常见形式。

**学习难点**

1. 设计科学探究活动；
2. 根据园社资源提出合作共育方案。

## 思维导图

- 园社协同搭平台
  - 社会体验
    - 关爱他人活动方案
    - 关心社区活动方案
    - 关心自然环境活动方案
  - 科学探究
    - 探究现代科技活动方案
    - 探究动植物活动方案
  - 艺术感知
    - 感知自然美活动方案
    - 感知人文美活动方案

# 任务一

# 社会体验

## 任务目标

1. 能设计一个引导幼儿学会感恩的活动方案；

2. 能帮助幼儿形成积极主动的自然情感和社会情感。

## 任务准备

1. 提前预习“社会体验”的相关知识。

2. 到幼儿园体验活动，观察各种活动细节，熟悉每个场景的具体情境和任务，并做好经验交流准备。

## 工作表单

### 工作表单

**问题思考**

请说出幼儿发展的五大领域。

| 序号 | 领域 |
| --- | --- |
| 1 | |
| 2 | |
| 3 | |
| 4 | |
| 5 | |

## 学习支持

幼儿园的社会教育是指幼儿园教师在幼儿的一日生活中，通过各种有计划、有目的的活动，引导幼儿积极主动地参与活动，促进幼儿在社会认知、社会情感和社会行为等方面健康地发展。具体来说，幼儿园的社会教育就是帮助幼儿正确地认识自己、他人和社会（包括社会环境、社会活动、社会规范和社会文化等），形成积极的自然情感和社会情感，掌握与同伴、成人交往以及与周围环境相互作用的方式，从而使幼儿能有效地在社会中生存与发展。

## 一、关爱他人活动方案

### "保安叔叔，您辛苦了"活动方案

#### 一、活动目标

1.知道幼儿园附近保安亭的位置和作用，初步认识常见的防卫用具。

2.了解保安叔叔的工作内容，能主动向保安叔叔问好，能用自己的方式感谢保安叔叔。

3.知道保安叔叔工作的重要性，萌生感恩之情。

#### 二、活动准备

1.记录表、幼儿使用的访谈记录纸和笔、幼儿手工制作的勋章、送给保安叔叔的矿泉水。

2.幼儿小背包（包里装有水壶、汗巾、帽子），保育箱（箱子里有纸巾和相关药物）。

3.提前与幼儿园的保安叔叔做好沟通；提前对幼儿园附近几个保安亭的位置进行踩点，确保场地的安全性。

#### 三、活动过程

1.导入。

师：

（1）幼儿园里的保安亭和保安叔叔的作用是什么？

（2）幼儿园的保安叔叔平时都做什么？

（3）他们穿什么服装？他们使用什么工具？

2.说说你见过的保安亭。

师：

(1)除了幼儿园，你还在哪里看到过保安叔叔呢？

(2)你在幼儿园附近的什么地方见过保安亭？

3. 了解保安亭的作用和保安叔叔的职责。

师：我们都知道在小学后门和网球场前面各有一个保安亭，我们一起去采访那里的保安叔叔吧。

4. 采访流程。

(1)主动向保安叔叔问好。

(2)向保安叔叔大胆介绍自己。

(3)请保安叔叔介绍他的制服和防卫工具。

(4)向保安叔叔询问是否可以参观保安亭。

(5)了解保安亭设置在这里的原因。

(6)向保安叔叔说感谢，给他送贴纸、勋章和水。

四、活动延伸

和爸爸妈妈一起找找自己家附近的保安亭，用表格或绘画的形式记录下来。

## 二、关心社区活动方案

### "爱相约，心相随"活动方案

一、设计意图

尊老爱幼是中华民族的传统美德。有资料显示，上海养老行业经常谈及发达国家的前沿养老经验，比如把养老院与托儿所建到一起。上海不少养老服务空间都做了类似尝试，近几年，我国养老院与幼儿园、小学联谊已逐渐兴起。网上有这样一则消息，上海和革命老区江西吉安的29名小学生住进闵行区的养老社区的新东苑快乐家园，他们要和社区的老人们同吃同住，接受为期九天的封闭式公益夏令营营训。主办方介绍，这次夏令营对孩子们的主要训练是"对长者的陪伴，与长者的分享和互动"。通过幼儿与老人的互动，传承"尊老爱幼"的传统美德，让幼儿成为善良、会感恩、有责任感、有爱心的社会小公民。

二、活动目标

1. 能够大方自信地与不同个性的老人交往。

2. 亲身感受前辈的人文精神传承，从而获得良好的人文熏陶。

3. 学会尊重老人，做个文明有礼的小公民。

## 三、活动准备

(一)物质准备

1.幼儿集体穿班服,带小书包(备有汗巾、小水壶、小礼物等)。

2.教师准备纸巾、垃圾袋、外出备用药品等。

3.幼儿表演节目所需的音响和话筒等。

(二)场地准备

提前与养老中心负责人联系,落实到访时间及活动流程,确保活动的顺利进行。

(三)其他准备

1.慰问品(水果、鲜花等)。

2.安全准备:活动前与幼儿重温外出安全规则。

3.招募家长志愿者,为出行提供强有力的安全保障。

## 四、活动过程

1.看一看、唱一唱

(1)幼儿参观养老社区。

(2)幼儿和老人一起唱过去的童谣。

2.听一听、说一说

(1)幼儿分组,2—3个孩子和一位老人一组。

(2)老人们给孩子们展示旧相册,在翻阅相册的过程中,给孩子们讲述自己年轻时的故事。

(3)孩子与老人们自由交流喜欢的话题。

3.做一做、玩一玩

(1)集体活动。全班幼儿集体到养老中心与老人们做游戏。

(2)小组活动。幼儿自发活动,陪老人聊天、做游戏(折纸、下棋、剪纸)等。

(3)活动分享。孩子们进行分享、交流和总结,教师协助把每次活动后孩子想对老人说的话及时记录下来,反馈给他们。

4.走一走、认一认

(1)组织幼儿参观老人曾经工作过的地方。

(2)听老人们讲以前工作的趣事。

五、活动延伸

1.送爱心、送关怀:利用节假日,家长与幼儿一起走访附近的养老中心,参与小志愿者活动。

2.我是懂事好宝宝:在生活中能关心家中长辈,为他们做力所能及的事情,如给爷爷、奶奶捶背等。

## 三、关心自然环境活动方案

### “争当绿色小卫士”活动方案

一、设计意图

为了让环境教育走向社区,扩大环境教育的效益和影响面,结合“世界环境日”的主题,特决定开展“争当绿色小卫士”活动。我们决定从了解树木对人类的好处入手,从调查幼儿园的绿化环境做起,调动幼儿的积极性,增强幼儿爱绿护绿的理念,争做绿色小卫士。“争当绿色小卫士”主题图,如图5-1-1所示。在活动中,本班幼儿积极行动起来,爱护花草树木,立足校园,走进社区,开展形式新颖且内容丰富的环境教育宣传活动,小手牵大手,共建绿色社区,以此动员公众积极参与环保活动,实现绿色新生活。

图5-1-1 “争当绿色小卫士”主题图

二、活动目标

1.通过本次活动,幼儿能初步了解幼儿园周围的绿化情况。

2.通过本次活动的开展,幼儿能了解一定的环境保护知识,懂得人与自然和谐共存的道理,知道破坏绿化对人类的危害。

3.提高幼儿的观察和分析能力、动手能力和初步的审美鉴赏能力。

## 三、活动准备

1. 资料收集。

(1)树木生长的环境。

(2)树木对人类的好处。

(3)破坏绿化带来不良后果的事例。

2. 拟定社区绿色环保的宣传口号。

## 四、活动过程

1. 课堂讨论

在课堂上,教师先组织幼儿围绕"为什么说树木是人类的朋友"展开讨论,了解树木的生长环境和作用以及人类破坏绿化带来的不良后果。教师归纳总结,回归主题——争当绿色小卫士。

2. 实施过程

(1)为树木制作一张名片。请幼儿根据树木的名称和习性等制作一张小名片,帮助大家了解树木的基本特征及习性,明白树木是人类的好朋友。

(2)请每位幼儿认领一棵小树,增强幼儿的责任感和保护意识。

(3)带领幼儿到社区去捡拾白色垃圾,培养幼儿爱护环境的习惯。

(4)帮助社区开展"绿色家园"活动。

## 五、活动延伸

1. 在教师的引导下,幼儿集体讨论,写一份爱绿护绿的倡议书,进入社区进行环保宣传。

2. 开展"我来献草添绿色"活动。动员全班幼儿献出自己种植的花草,为小区添一份绿,以实际行动争做创建社区优美生态环境的小主人。

# 任务二

# 科学探究

## 任务目标

1. 能识别不同的、常见的动植物，并能形象地进行解说；

2. 能了解物质的属性和科学探究所需要的工具，并能简要地进行说明。

## 任务准备

1. 提前准备各类物质材料，如：显微镜、化石、工具和设备等，为上好科学探索示范课做好保障。

2. 参观科技馆，培养观察、提问、实验、推理和总结能力，提升运用多种思维方式来解决问题的能力，尝试撰写科学探究教案。

## 工作表单

### 工作表单

**想一想，写一写**

请你写出3—6岁儿童亲近自然、喜欢探究的情况。

| 3—4岁儿童 | 5—6岁儿童 |
| --- | --- |
| | |

## 学习支持

幼儿科学教育是指在幼儿园阶段，通过科学的教育方式，培养幼儿的科学素养和科学思维能力，让幼儿在探究自然、认识世界的过程中，逐步形成科学的认知方式和思维方式。

微视频：
《探索宇宙的奥秘》

## 一、探究现代科技活动方案

### “走进科技馆”活动方案

一、设计意图

户外自主活动中，一个孩子偶然发现两块石头，一直在探索，敲敲打打让石头发出响声。此举引起了其他小朋友的好奇心并纷纷发出疑问：“这块石头是从哪里来的？这块石头是由什么做的？我们可以用这个石头来做什么或玩什么游戏呢？”活动结束后，孩子们依然在探索石头的话题，还带了各种各样的石头回幼儿园。为了满足孩子们的好奇心，我与科技馆工作的学生家长联系，借助该科技馆的资源开展探索石头的活动。科技馆相关负责人同意全程陪同讲解并提供天文望远镜。这样可以进一步丰富幼儿的科技知识，为此，我设计了“走进科技馆”的活动。“走进科技馆”主题图，如图5-2-1所示。

图5-2-1 “走进科技馆”主题图

二、活动目标

1. 幼儿能从外形、重量、声音等方面认识各种各样的岩石标本。

2.幼儿能大胆说出自己的发现，表达热爱科技的情感。

## 三、社区资源

场地资源：科技馆岩石矿物质标本室。

人力资源：科技馆的工作人员和专家。

## 四、活动准备

(一)经验准备

1.幼儿在生活中见过几种常见的石头，如鹅卵石、大理石、小砂石。

2.幼儿了解用天文望远镜观察太阳的注意事项。

(二)其他准备

1.提前与家长和科技馆工作人员沟通，确定活动形式，做好场地准备。

2.提前将幼儿分成两组，并准备观察工具(放大镜和望远镜)。

## 五、活动过程

(一)参观了解

1.第一组幼儿参观岩石矿物质标本室，了解不同区域的石头。

2.第二组幼儿参观天文台，认识天文望远镜。

(二)体验探索

【第一组】自由探索各种各样的岩石标本，揭开岩石的秘密。

1.通过看一看、摸一摸，比较不同岩石的异同。

2.搬一搬、称一称，看看哪一块石头比较重。

3.敲一敲、听一听，辨别不同的石头发出的声音。

4.用放大镜观察化石，寻找化石里的生物。

5.讨论：石头在生活中有什么作用？我们在哪里看到过石头？

6.小结：石头在我们的生活中无处不在，可以用来铺路、建筑房屋、刻雕塑，可以做玻璃、宝石饰品，还可用于健身。从矿物质含量高的石头中，还可以提炼出里面的成分做成其他物品。

【第二组】利用天文望远镜寻找太阳黑子。

1.跟幼儿一起回顾使用天文望远镜观测太阳的注意事项。

师：小朋友，这个天文望远镜能够帮助我们观看到天空中的太阳和云朵，但是太阳的光线非常刺眼，如果我们直接用眼睛观看太阳，眼睛就会被强光灼伤。所以，我们要用一块反光板，把天文望远镜看到的太阳反射到板上。

2. 由专家带领幼儿轮流观看反光板上的太阳，寻找太阳黑子。

3. 幼儿说一说太阳黑子是什么样的。

4. 讨论：太阳黑子是怎么形成的？

太阳黑子实际上是太阳表面的风暴，是一股巨大的漩涡状气流。它的温度大约有4500 ℃，因为比其周围的温度低，所以看起来像是黑色的斑点。

（三）第一组和第二组幼儿交换场地探索体验

（四）回顾分享

用绘画的方式记录今天“走进科技馆”活动的收获。

### 六、活动延伸

1. 分享：石头在生活中的作用。

2. 幼儿收集石头并在科学区展示，深入探索石头的秘密。

3. 可以组织幼儿进行夜间观察活动，用天文望远镜观看月亮、流星等。

## 二、探究动植物活动方案

### “寻虫记”活动方案

### 一、设计意图

孩子们对昆虫天生有好感，会自然萌生观察、研究与互动的欲望。幼儿园开展的“虫虫总动员”科技节系列活动极大地激发了孩子们对“虫”的兴趣。孩子们一次次地问“虫虫吃什么？”“虫虫的家在哪里？”“虫虫有脚吗？”“虫虫会死吗？”“虫虫会咬人吗？”等问题。为了满足孩子们对“虫”的好奇心和探索欲望，本次活动应运而生。“寻虫记”主题图，如图5-2-2所示。

图5-2-2 “寻虫记”主题图

## 二、活动目标

1.幼儿愿意在社区中寻找与观察,发现并认识常见的昆虫。

2.能与同伴分享自己在社区中找到的昆虫,初步了解常见昆虫的特点。

3.愿意亲近大自然,大胆探索昆虫的奥秘,感受与同伴寻找昆虫的乐趣。

## 三、活动准备

(一)环境准备

提前考察并选择安全的、昆虫多样化的环境。

(二)经验准备

认识常见的昆虫,如蚂蚁、蝗虫、蝴蝶、蚊子等。

(三)物质准备

放大镜、捕捉网、昆虫捕捉器、昆虫观察器、镊子等。

## 四、活动过程

(一)谈话激趣

师:小朋友们,你认识哪些昆虫?

师:你在哪里看到过昆虫?它是什么样的呢?

师:我们需要用什么工具捕捉昆虫?你知道捕捉工具的作用和使用方法吗?

(二)制作计划表

1.教师提供画笔、贴纸等材料,帮助并支持幼儿计划。

2.幼儿自由组合,用绘画和粘贴的形式共同设计与制作“寻虫记”计划表。

(三)区域探索

1.教师带领幼儿到达寻虫场所。

2.幼儿自由分组开启寻虫之旅,如在草地上、大树旁寻找小蚂蚁,在灌木丛中寻找小蝴蝶、蜻蜓、小甲虫等。

(四)分享交流

1.幼儿介绍自己找到的昆虫的名称及其外形特征。

2.幼儿以小组的形式简单分享寻找昆虫的感受。

## 五、活动延伸

1.将找到的昆虫投放到班级科学区,饲养小昆虫。

2.举办昆虫照片展览活动。

3.放飞蝴蝶、蜻蜓等益虫。

# 任务三

# 艺术感知

## 任务目标

1. 培养艺术感知和审美能力。

2. 了解艺术的基本概念及特点。

## 任务准备

1. 准备一首简单儿歌或一幅字画、一件乐器、一支画笔等，并在教师的指导下进行赏析，感知艺术美。

2. 参观美术展、参加音乐会等，从美学的角度感知艺术美，到幼儿园实地感知美学教育，收集一线教师美学教学案例。

## 工作表单

### 工作表单

**艺术表现与故事改编**

请你模仿童声演唱歌曲《我和我的祖国》；请你改编故事《乌鸦喝水》，填在下面框格中。

## 学习支持

艺术是一种文化现象，是一种精神文化的体现。在幼儿的教育过程中，要致力引导幼儿初步感受、理解艺术之美。引导幼儿感受大自然中美好的事物，丰富幼儿的情感世界，不断培养幼儿的艺术感和创造力，从而提升幼儿的精神文化境界。

### 一、感知自然美活动方案

#### “夏日荷花写生”活动方案

一、设计意图

每逢夏季，某大学校园池塘里盛开的荷花，吸引着来来往往的游人，更有许多摄影爱好者架着器材拍摄这“映日荷花别样红”的秀丽景色。清晨、晌午、傍晚时分，都有闲暇的人们在拱桥上、池塘边欣赏校园特有的这一池风光。荷花池距离幼儿园较近，且周边区域能近距离观察到荷花的具体形态，是非常适合幼儿进行观察和写生的场所。

在以往开展荷花主题的美术活动中，幼儿局限于教师提供的多媒体图片，在绘画荷花的过程中无从下笔或只是机械模仿，对自己的绘画作品感受不深。因此，本次活动采用另外一种形式，携手某大学美术系为幼儿开展别开生面的美术活动，进一步满足幼儿对荷花的好奇心和探究欲，让他们近距离感受大自然的美。通过直接感知、亲身体验的写生教学，幼儿能更加贴近自然、热爱自然、热爱生活，在此过程中增加对自然美的感受力。“夏日荷花写生”主题图，如图5-3-1所示。

图5-3-1 “夏日荷花写生”主题图

二、活动目标

1.幼儿能与美术系大学生一起从不同的取景点认识荷花的特征和形态结构，感受荷花的美并用绘画的形式进行表现。

2.幼儿能了解描绘荷花花瓣纹路、花瓣层次叠放等细节形态的技巧。

三、活动准备

1.教师准备

(1)提前踩点选择合适且安全的写生地点。

(2)招募15位美术系学生组建"写生小团队"指导幼儿。

(3)招募组建家长志愿者团队,为此次出行提供强有力的安全保障。

(4)采取自愿分组形式,将幼儿分成水粉组和蜡笔组。

2.幼儿准备

(1)提前参观美术系的毕业展,提前了解大学美术学院的各个专业。

(2)幼儿每人一份绘画工具包(蜡笔、水粉、画纸等)、写生板、自制取景框。

四、活动过程

1.描述印象中的荷花

(1)引导幼儿分享自己印象中荷花的样子,激发其实际观察的兴趣。

(2)向幼儿介绍并让他们熟悉美术系哥哥姐姐,能与大学生携手前往池塘同赏荷花。

2.赏荷

(1)幼儿以小组的形式跟随大学生一同欣赏夏日荷花的美景,并感受大学生如何从艺术写生的角度赏景、取景、画景。

(2)师生共赏荷花,引导幼儿用语言描述自己看到的景色并表达此刻的心情。

3.画荷

(1)小组(水粉组、蜡笔组)选择好画荷点,由美术系大哥哥、大姐姐向幼儿讲解写生的技巧和方法,并现场绘出一幅作品供幼儿参考。

(2)幼儿用取景框选择好景色后,开始绘画,大学生进行指导。

4.分享收获

(1)提前完成绘画的幼儿,可以与自己所绘的景色拍一张照片。

(2)与老师、同伴、大学生哥哥姐姐分享自己的作品,并给作品命名。

五、活动延伸

1.将幼儿的作品裱框展示,幼儿与家长、同伴分享作画趣事。

2.每位幼儿制作一张荷花贺卡,送给大学生哥哥姐姐,表达谢意。

## 二、感知人文美活动方案

### “感知少数民族文化”活动方案

一、设计意图

幼儿园位于贵州。幼儿对少数民族有一定的了解，在此基础上，帮助幼儿了解民族文化的多元性，培养幼儿对多元文化的理解与尊重，是幼儿园社会教育目标的重要部分之一，也是培养幼儿感知民族文化的重要教育活动。从展现多彩的民族文化的角度，通过认知探索活动、社会活动、亲子实践活动等不同形式，使原本抽象的各民族文化在幼儿的眼中具体而生动起来，从而帮助中班或大班幼儿更好地理解少数民族文化，进而培养幼儿热爱少数民族文化的情感，增强幼儿的民族文化情怀。“感知少数民族文化”主题图，如图5-3-2所示。

图5-3-2 “感知少数民族文化”主题图

二、活动目标

1.引导幼儿初步认知贵州少数民族聚居地、建筑、服饰、风俗习惯等，知道我国是个多民族国家、贵州省是个多民族省份。

2.培养幼儿的观察力和语音表达能力。

3.激发幼儿热爱祖国、各民族大团结的情感。

三、活动准备

（一）教学经验准备

教师提前了解各民族的风俗特点，请幼儿和家长提前了解各民族风俗特点。

（二）物质准备

电脑，PPT，民族风俗、民族服饰等动画或视频。

（三）场地准备

教师提前考察民族博物馆，拟定好出发与返回的路线，评估路线、场馆的安全性及教育性。

（四）其他准备

1.教师与家长志愿者进行前期沟通，明确活动流程与人员分工。

2.教师提前与博物馆相关人员进行沟通。

四、活动过程

（一）第一阶段：幼儿参观民族博物馆作品展

幼儿参观，教师提问。

师：

1.这些民族作品有哪些民族？

2.你最喜欢哪件作品？它有什么特别的地方吗？

（二）第二阶段：了解民族文化的起源，探秘民族文化

教师带领幼儿深入民族博物馆，幼儿通过对专家或管理员提问了解民族文化，感受民族作品的创作过程。

1.幼：这些服饰、手镯等是从哪里来的？

2.幼：一件件漂亮的作品是怎么做成的？

3.幼：它为什么叫这个名字？谁给它取的名字？

每一件作品都有独特的意义，代表着设计者自己的创意和想法，也是一个民族的象征，每件作品的名称也是由设计者自己命名的，有着特定的意义。

4.幼儿可以选择自己最喜欢的一件作品，并合影留念。

（三）第三阶段：分享互动

1.回园后幼儿围坐一圈。幼儿借助合影留念的图片，向同伴分享参观的体验，说一说自己最喜欢的作品。

2.将自己印象最深的作品通过照片粘贴、装饰的方式记录下来。

3.教师通过前期的准备工作，播放动画图片，并进行进一步的讲解，如民族舞蹈、民族歌曲、民族服饰等，讲解民族文化的美。

五、活动延伸

1.幼儿将自己记录的印象最深的作品带回家与爸爸妈妈分享，说说自己的感受，家长将幼儿的感受记录下来，整理成欣赏小日记。

2.班级组织不同形式的美术活动，如“叶子的奇思妙想”“石头变身记”等。

## 项目小结

园社协同共育活动是教师组织幼儿,走进社区,将社区资源纳入幼儿园教育的一项教育活动,是一种“走出去”的教育方式,是培养“完整儿童”的有力支持与实际践行,涉及幼儿发展的五大领域。

## 思考与练习

1.你是如何看待幼儿园和家庭运用社区资源对幼儿进行教育的?

2.请参考本项目案例,以家乡的某个场所为例,设计一个科学活动方案。

## 直通赛证

### 一、选择题

1.活动区活动该结束了,可晨晨的“游乐园”还没有搭完,他跑到老师面前:“老师,我还差一点就完成了,再给我5分钟,行吗?”老师说:“行,我等你。”一边说,一边指导其他幼儿收拾、整理。该教师的做法体现的幼儿主体性表现特征是(　　)。

A.创造性　　B.独立性　　C.自主性　　D.随机性

2.中班的小林喜欢表现自己,组织能力比较强,王老师每次在开展表演游戏时总让小林扮演主角。王老师的做法违背的素质教育要求是(　　)。

A.促进学生全面发展　　B.面向全体学生

C.促进学生个性发展　　D.培养创新精神

3.午餐后,幼儿正在看动画片,突然,欣欣哭了起来。原来是玲玲咬了她。张老师刚想问明原因,玲玲不满地说:“她故意挡住我看电视。”从教师指导者作用的角度来看,张老师恰当的做法是(　　)。

A.帮助幼儿解决问题　　B.公平对待每个幼儿

C.倾听幼儿内心想法　　D.关注幼儿个体差异

4.在中班绘画活动中,李老师将自己画好的“小汽车”贴在墙上,要求孩子们照着画。李老师看了小明的画后,严厉地说:“小汽车怎么可能有翅膀?去前面看我画的,照着画!”关于李老师的做法,下列评价不恰当的是(　　)。

A.忽视了幼儿的天性　　C.忽视了对幼儿的正确引导

B.忽视了对幼儿权利的尊重　　D.忽视了对幼儿特长的培养

## 二、材料分析题

在某幼儿园大班的家长座谈会上，家长们纷纷提出：孩子快上小学了，幼儿园应减少游戏时间，增加算术、识字等教学内容，以便于孩子适应小学的学习生活。

问题如下：

1. 请根据上述说法，分析家长观念中存在的问题。

2. 请针对问题，提出解决方法。

## 推荐阅读

范寅虎，《学前教育法律法规解读》。推荐理由：该书是对教育法律法规的介绍，对教师这个职业有更深层的解读。该书可以让教师进一步提升职业修养和道德规范。

## 拓展阅读

### 歌曲《说唱脸谱》歌词

《说唱脸谱》是一首京剧与流行音乐相结合的歌曲，借鉴京剧唱腔和旋律，将我国的传统戏曲元素巧妙地融入歌曲之中，使整首歌听起来琅琅上口，亦歌亦戏。这首歌由阎肃作词、姚明作曲，由歌手谢津演唱，流传甚广，深受人们喜爱。歌词摘要如下（各种脸谱，如图5-3-3）：

那一天爷爷领我去把京戏看，看见那舞台上面好多大花脸，红白黄绿蓝，咧嘴又瞪眼，一边唱一边喊，哇呀呀呀呀，好像炸雷，叽叽喳喳震响在耳边，蓝脸的窦尔敦盗御马，红脸的关公战长沙，黄脸的典韦，白脸的曹操，黑脸的张飞，叫喳喳……

图5-3-3 各种脸谱

项目六

# 综合协同促成长

## 学习目标

### 知识目标

1. 了解中国传统节日文化；

2. 理解中国传统节日文化中的德育元素。

### 能力目标

1. 能够用通俗易懂的语言简要讲述中国传统节日文化；

2. 能用传承优秀传统文化思路构建教学活动。

### 职业素养目标

1. 感知中国传统节日文化，树立“文化自信”意识；

2. 感受读书情怀，培养阅读意识。

## 学习重难点

### 学习重点

1. 培养中华民族“文化自信”的意识；

2. 根据传统文化德育元素设计教学方案。

### 学习难点

1. 熟悉中国传统节日文化；

2. 在教学活动过程中植入思政元素。

## 思维导图

- 综合协同促成长
  - 制订“粽情端午”活动方案
    - 活动目标
    - 活动准备
    - 活动过程
    - 活动延伸
  - 制订“人间四月读书天”活动方案
    - 活动目标
    - 活动准备
    - 活动过程
    - 活动延伸

# 任务一

## 制订“粽情端午”活动方案

### 任务目标

1. 了解端午节的文化内涵；

2. 树立弘扬中华优秀传统文化的意识；

3. 能策划一个节日活动，并将中华优秀传统文化融入活动方案。

### 任务准备

1. 课前准备好端午节相关物品，如：粽子、香包、五彩绳、彩蛋等；尝试根据粽子制作教学视频动手包粽子。

2. 收集中国传统节日相关资料，并尝试教学讲解；到幼儿园参加传统节日教学活动，收集优秀教学案例，撰写传统节日教学方案。

### 工作表单

**工作表单**

**创作绘画**

请画一幅以端午节为主题的水彩画。

## 学习支持

弘扬中华优秀传统文化有助于增强中国人的文化自信心。幼儿园端午节活动的意义在于让幼儿通过参与端午节的传统习俗和文化活动，增强对中国传统文化的认知和了解，激发幼儿对国家和民族的热爱，培养幼儿的文化和历史意识，增强幼儿文化自信。

微视频：
《传统中国节——春节》

### 一、活动目标

(1)让幼儿知道端午节也叫端阳节、龙舟节等，是我国的传统节日；知道在这一天，人们要赛龙舟、吃粽子、戴香包；学习屈原的爱国精神。

(2)培养幼儿尊敬老人、关爱老人的意识，增强幼儿与老人交谈的兴趣和技能，鼓励幼儿关爱老人的行为。

### 二、活动准备

(1)教师在互联网上查找有关端午节和屈原的信息。

(2)教师和幼儿一起制作徽章和花朵。

(3)教师准备爱心T恤、按摩音乐、手语音乐《让爱传出去》、照相机。

(4)教师购买粽叶、糯米、桂圆、蜜饯、咸鸭蛋等。

(5)教师联系幼儿园所在社区的敬老院，提前沟通好有关慰问孤寡老人活动的事宜。

(6)教师通过多种形式邀请家长参加活动。

(7)教师准备“粽情端午”主题图，如图6-1-1所示。

图6-1-1 “粽情端午”主题图

## 三、活动过程

### （一）聆听屈原的故事

教师邀请一位家长志愿者来给幼儿讲述爱国诗人屈原的故事，以帮助幼儿了解赛龙舟、吃粽子、喝雄黄酒的风俗习惯。

### （二）学习包粽子

教师邀请几位家长志愿者来班级教幼儿包粽子，幼儿可以根据自己的喜好，包桂圆粽、肉粽、蜜饯粽、咸蛋粽等。然后把粽子送到厨房煮熟，大家一起体会吃粽子的快乐。

### （三）学习缝香包

教师邀请几位家长志愿者到班级来教幼儿缝香包，然后挂在胸前，感受香气扑鼻的美妙。

### （四）玩划龙舟游戏

教师邀请家长和幼儿一起用废旧物品制作龙舟，然后玩划龙舟的游戏。

### （五）参观敬老院

教师和家长一起带领幼儿参观社区敬老院。

#### 1. 赠送花朵

教师指导幼儿向老爷爷、老奶奶问好，并送上自制的花朵，祝福他们节日快乐。

#### 2. 你说我也说

教师鼓励家长与老爷爷、老奶奶交谈，为孩子树立榜样。教师指导幼儿与老爷爷、老奶奶说说悄悄话，聊聊端午节，听听他们的心里话，大家一起说说笑笑，体验交谈的乐趣。

#### 3. 我是艺术家

教师播放音乐，引导家长和孩子一起为老爷爷、老奶奶表演手语《让爱传出去》。教师鼓励每个家庭表演一个节目，并鼓励幼儿邀请爸爸妈妈一同表演，可以给老爷爷、老奶奶唱个歌、跳个舞、讲个端午节或其他传统节日的故事、说段相声等。

#### 4.我是按摩师

播放音乐,幼儿给老爷爷、老奶奶按摩。

#### 5.赠送礼物

教师引导幼儿给老爷爷、老奶奶赠送购买的蛋和包好的粽子,表达爱心。

#### 6.合影留念

邀请家长和幼儿与老爷爷、老奶奶一起拍照留念。

## 四、活动延伸

### (一)唱端午

教师鼓励家长教孩子学唱描写端午节的民谣:粽子香,香厨房。艾叶香,香满堂。桃枝插在大门上,出门一望麦儿黄。这儿端阳,那儿端阳,处处都端阳。

### (二)画端午

教师鼓励家长带领孩子去博物馆、美术馆参观,看看有关端午节的美术作品,指导孩子画一幅有关端午节的画。

# 任务二

# 制订“人间四月读书天”活动方案

## 任务目标

1. 能策划一个幼儿阅读活动；
2. 掌握培养幼儿阅读能力、阅读兴趣的方法和路径。

## 任务准备

1. 手持自己最喜欢的一本书，在课堂上分享读书心得，培养对阅读的热爱之情，促进良好学习习惯的养成，提高语言表达能力。

2. 到幼儿园见习，撰写“诵读经典”活动方案。

## 工作表单

### 工作表单

#### 阅读分享

结合你今天的读书情况填写下面的表格。

| | |
|---|---|
| 姓名： | 日期： |
| 图书名称： | |
| 我喜欢的故事情节： | |
| 书中优美句子： | |

## 学习支持

幼儿早期阅读教育是幼儿园语言教育的关键组成部分。它不仅有助于幼儿早点进入知识的海洋，拓宽幼儿视野，启发幼儿智慧，陶冶幼儿情操，并且能培养幼儿良好的阅读习惯，为幼儿园生活及终身学习奠定良好的基础，推动幼儿全面发展。

### 一、活动目标

（1）通过了解世界读书日活动，激发幼儿的阅读兴趣，培养幼儿的阅读能力，使幼儿享受阅读的乐趣。

（2）通过参观图书馆和书店，使幼儿知道这两个地方都拥有大量的图书，图书馆的书可以借回家去看，而书店的书则必须买回家去看。

（3）通过组织“图书漂流”活动，创设“书香班级”，促进幼儿家庭之间的图书分享和交流，使幼儿能成为“漂友”，养成热爱阅读的习惯。

### 二、活动准备

（1）教师制作4月的日历，如表6-2-1所示。凸显世界读书日的日期，并教幼儿认识日历。

表6-2-1　2023年4月

| 星期一 | 星期二 | 星期三 | 星期四 | 星期五 | 星期六 | 星期日 |
|---|---|---|---|---|---|---|
| | | | | | 1 | 2 |
| 3 | 4 | 5 | 6 | 7 | 8 | 9 |
| 10 | 11 | 12 | 13 | 14 | 15 | 16 |
| 17 | 18 | 19 | 20 | 21 | 22 | ♥23 |
| 24 | 25 | 26 | 27 | 28 | 29 | 30 |

（2）教师和幼儿一起制作“欢庆世界读书日”“我读书，我快乐，我成长”等条幅，悬挂在班级，营造“悦读阅美”的氛围。

（3）教师制作有关世界读书日的课件。

（4）教师准备绘本《图书馆狮子》，并制作课件。

（5）教师邀请家长和孩子一起参观图书馆和书店，指导孩子阅读经典书籍。

(6)教师通过多种形式向家长宣传“图书漂流”活动的重要性，提醒家长给孩子准备一个小书包作为“图书漂流”袋。

(7)教师和幼儿一起布置“图书漂流区”和书架，制作名片、“图书漂流”标签(放漂、受漂、转漂)和五角星，制订“图书漂流”规则(如要像爱护自己的眼睛一样，爱护“漂友”的图书；不能乱涂乱画，不能折叠书页；如有破损，要及时修补；如果遗失，要照价赔偿)，设计“图书漂流”光荣榜。“人间四月读书天”主题图，如图6-2-1所示。

图6-2-1 “人间四月读书天”主题图

## 三、活动过程

### (一)了解世界读书日

教师给幼儿讲解世界读书日的知识，让幼儿知道4月23日是“世界读书日”，读书应成为我们日常生活的一部分。

教师给幼儿配乐，带领幼儿朗诵世界读书日的主旨宣言(希望散居在全球各地的人们，无论你是年老还是年轻，无论你是贫穷还是富有，无论你是患病还是健康，都能享受阅读的乐趣，都能尊重和感谢为人类文明做出巨大贡献的文学、文化、科学思想大师们，都能保护知识产权)，使幼儿感受到世界读书日的神圣和美好。

### (二)快乐阅读图画书

教师向幼儿呈现绘本《图书馆狮子》，激发幼儿的阅读兴趣。教师边播放课件，边指导幼儿进行观察和思考，培养幼儿的阅读技能。教师组织幼儿讨论和交流，引发幼儿对图书馆的向往之情。

### （三）参观园内图书室

教师带领幼儿来到园内图书室，给幼儿讲解借阅规则，鼓励幼儿寻找自己喜欢的图书，自由阅读。教师提醒幼儿下午离园回家前，可以再到图书室来借一本书，带回家去看。

### （四）参观社区图书馆

教师和家长带领幼儿参观附近的图书馆，重点了解少儿图书室和亲子活动室的环境布置。教师指导家长如何帮助孩子挑选图书，如何和孩子一起阅读图书。教师鼓励家长帮助孩子学会从图书馆借书，并带回家去阅读，让孩子养成热爱读书的好习惯。

### （五）参观社区书店

教师和家长带领幼儿参观附近的书店，重点了解少儿图书区的图书。教师指导家长教孩子轻拿轻放图书，寻找自己感兴趣的图书进行阅读。教师引导家长帮助孩子掌握从书店买书的方法，让孩子能把喜欢的图书带回家去阅读，养成爱买书的习惯。

### （六）参观社区漂流书亭

教师和家长带领幼儿参观公共场所中的漂流书亭，以丰富幼儿关于图书漂流的知识与经验。

### （七）开展漂书活动

（1）教师指导幼儿从家里带一本图书到幼儿园里来；在这本书上，贴上自己的"名片"和"放漂"标签（把这本书漂流出去）；把书放在图书漂流区的书架上；在图书漂流"光荣榜"上，找到自己的名字并在后面贴个"五角星"。

（2）教师引导幼儿从图书漂流区的书架上，挑选一本自己喜欢的图书；在这本书上，贴上自己的"名片"和"受漂"标签（收到漂友传递的书）；在图书漂流"光荣榜"上，找到自己的名字并在后面再贴个"五角星"；把这本书带回家去阅读。

（3）教师提醒幼儿把带回家阅读的那本书，带到幼儿园里来；在这本书上，贴上自己的"名片"和"转漂"标签（把已经读完的书继续漂流下去）；放回图书漂流区的书架上；在图书漂流"光荣榜"上，找到自己的名字并在后面再贴个"五角星"；再从图书漂流区的书架上，挑选一本自己喜欢的书，带回家去阅读。

(4)教师组织幼儿开展图书阅读经验交流会,鼓励幼儿说说自己读了哪几本书,最喜欢哪本书,喜欢这本书的原因是什么。

(5)教师和幼儿一起统计图书漂流"光荣榜"上"五角星"的数量,数量最多的幼儿为"图书之星""书香宝贝""阅读高手""读书神童""放漂达人""受漂达人""转漂能人"等。

## 四、活动延伸

### (一)发展幼儿的语言表达能力

教师引导家长把一些有关读书的格言教给孩子。例如,"读好书、好读书、读书好";"读书要四到:心到、眼到、口到、手到";"生活里没有书籍,就好像没有阳光;智慧里没有书籍,就好像鸟儿没有翅膀";"读书破万卷,下笔如有神";"书山有路勤为径,学海无涯苦作舟";"书籍是人类进步的阶梯";"读者在书中旅行,书在人群中旅行";"图书漂流,漂流书香,漂流知识,漂流信任"。

### (二)强化幼儿的阅读行为习惯

教师鼓励家长在家里创设"书香家庭",和孩子一起美化书房或读书小天地,用孩子的名字为其命名,让孩子当图书馆馆长,以增强孩子的阅读兴趣;启发家长在亲朋好友之间,开展"图书漂流"活动,以提高孩子的阅读能力,密切亲子之间的关系。

## 项目小结

家园社合作共育活动是教师、家长与社区三者携手合作,共同为幼儿的发展而设计与开展的系列教育活动,是一种"引进来"和"走出去"相结合的教育方式。家园社合作共育旨在从幼儿发展需要出发寻找合适的切入点,以社区基地为核心资源,打破幼儿教育的壁垒,构建适宜幼儿发展的"整体环境"。

## 思考与练习

1. 你认为教师应如何利用学校、家庭和社区资源,开展读书日的活动?
2. 你认为教师应如何利用学校、家庭和社区资源,开展其他主题活动?

## 直通赛证

### 一、幼儿园教师资格考试大纲(试行)(面试部分)

1.测试性质

面试是幼儿园教师资格考试的有机组成部分,属于标准参照性考试。笔试合格者,可参加面试。

2.测试目标

面试主要考查申请幼儿园教师资格人员应具备的基本素养、职业发展潜质和保教实践能力,主要包括:

(1)良好的职业道德、心理素质和思维品质。

(2)仪表仪态得体,有一定的表达、交流、沟通能力。

(3)有一定的技能技巧,能够恰当地达成保教目标。

3.测试内容与要求

(1)职业认知:

①爱幼儿,尊重幼儿。

②对幼教工作有热情、有责任心。

(2)心理素质:

①具有一定的情绪调控能力。

②乐观开朗、有自信心。

(3)仪表仪态:

①行为举止自然大方,有礼貌。

②服饰得体,符合幼儿教师职业特点。

(4)交流沟通:

①有较好的语言表达能力。口齿清楚,普通话标准,语速适宜,表达比较准确、简洁、流畅、有条理,有一定的感染力。

②善于倾听、交流,有亲和力。

(5)思维品质:

①能正确地理解问题,条理清晰地分析思考问题。

②有一定的应变能力,在教育教学上表现出一定新意。

(6)了解幼儿:

①具有了解幼儿兴趣、需要、已有经验和个体差异的意识。

②能通过观察来了解幼儿。

(7)技能技巧:

①熟悉一些幼儿喜欢的游戏和故事。

②具有一定的弹、唱、画、跳、手工制作等幼儿教育所必需的基本技能。

(8)评价与反思:

①能对录像或资料中的教育活动、教育行为进行评价;或能对自己的面试表现进行评价。

②能根据评价结果提出进一步改善的意见。

4.测试方法

采取结构化面试和展示相结合的方法。通过展示、回答问题、陈述等方式进行。考生按照有关规定进行准备,时间20分钟;接受面试,时间20分钟。考官根据考生面试过程中的表现,进行综合性评分。

二、论述题

试述幼儿园教育应"渗透幼儿园一日生活的各项活动之中的理由",并举例说明。

## 推荐阅读

罗小华、文颐,《基于社区的0—3岁儿童早期教养服务模式研究》。推荐理由:儿童早期教养区域推进受早期教育家庭带养方式、社区早期教育内容与形式和社区早期教育每年社区资源利用次数等因素的影响,该书选取社区0—3岁儿童早期教养区域推进模式作为研究目标,立足社区儿童及其家长的多样化实际需求,将处于社区中的妇联、卫计委、街道办事处、幼儿园、早教机构、卫生服务中心等社区资源进行整合优化,力求探寻社区0—3岁儿童早期教养区域推进的科学路径。

## 拓展阅读

### 多元文化教育的由来

多元文化的存在,是基本的社会事实。西方在对待多元文化上,经历了三个阶段:同化、融合、多元。其中,第三个阶段直接导致了多元文化教育的产生。

第一阶段,同化。产生于19世纪末20世纪初。当时对待不同种族文化,占上风的是同化论。这种理论认为社会中的各小族群的文化无助于丰富现有的文化,应把它们视为外来文化,使具有少数族群背景的人们融入主流文化,诱使他们放弃自己本民族、本族群的风俗习惯、行为规范等，接受主流文化的言语和行为。这种理论认为，教育是将多元化群体塑造于主流文化之中的必要手段，在教育上要做出制度上的限制，迫使不同族群的人们在行为上统一到主流文化中来。它主张与主流文化相一致的内容须反映在课程教学过程和学校组织结构中，使学校中的各组成部分都围绕这一单一文化组织起来。同时，既然其他族群的观点、语言、伦理观念等无助于教育目标的达成，应剔除于学校文化之外。

第二阶段，融合。产生于20世纪初，持续到五六十年代。在这一阶段，把社会看成是多个群体的综合，认为每个群体都拥有自己的特殊利益，并在社会机构中竞相促进自己的利益；社会中现有的占主导地位的文化群体会接受外来文化的人员，然后把他们纳入一个共同的或融合的文化之中，而外来文化的人相应地须放弃原有文化中的一些成分，以便使自己更像是一个主流文化中的人。这种思想在美国哲学家、心理学家、教育学家杜威的著作中也有所反映。杜威写道："不同种族、不同宗教和不同风俗习惯的青少年混合在一所学校里，为大家创造一个新的和更为广阔的环境。共同的教材使大家习惯于统一的观点，比任何孤立群体的成员看到更广阔的前景。"

第三阶段，多元。产生于20世纪六七十年代以后，一直持续到今天。在这一阶段，文化不再被比作"熔炉"，而更多地类似于"凉拌色拉"或"管弦乐队"，各族群文化被视为特殊的、单独的成分，对这些文化要加以保存，而不是加以压制、消灭或混合。

## 幼儿园教师开展多元文化教育需要具备的素养

华爱华教授在《对我国学前教育改革若干问题的文化观照》一文中指出，以多元文化共存的理念进行的幼儿园教育，对教师而言则需要具备这样的素质：

一是要学会观察和了解由文化背景导致的个体差异。因为同样的问题，如果是文化因素导致，则教育方法就会不同。

二是要关注处于文化适应中的孩子，具备文化的"敏感性和响应性"，能与来自不同文化的儿童和他们的家庭相处，对经历文化改变的儿童在寻找获得包容性或跨文化的身份时，要理解他们的兴趣和需要，有针对性地给予支持。

三是要善于利用文化差异作为教育资源，对本土文化和来自异域文化的孩子都要进行根基教育，对优势文化中的孩子要进行尊重教育，对弱势文化中的孩子要进行自强教育，而对劣势文化中的孩子或许还需要进行补偿性教育。我们的目标是：让所有的孩子"学会共同生活"。

## 项目七

# 家园社合作共育案例分析

### 学习目标

#### 知识目标

1. 了解案例分析书写的结构；

2. 了解案例分析的目标。

#### 能力目标

1. 能够通过案例分析帮助决策者在实际情况中做出明智的决策和解决问题；

2. 能够做好案例分析并在分析中总结经验教训。

#### 职业素养目标

1. 具有书写案例分析的能力；

2. 具有总结教训和经验的能力。

### 学习重难点

#### 学习重点

学会正确书写案例。

#### 学习难点

如何写好一份规范的案例分析。

## 思维导图

- 家园社合作共育案例分析
  - “儿子要上幼儿园了”案例分析
    - 观看表演：儿子要上幼儿园了
    - 评析家庭特点
    - 提出教育建议
  - “海边玩沙戏水”案例分析
    - 观看漫画：在海边玩沙戏水
    - 评析家庭特点
    - 提出教育建议
  - “公交车上的交谈”案例分析
    - 观看小品：在公交车上交谈
    - 评析家庭特点
    - 提出教育建议
  - “超市购物”案例分析
    - 观看小品：在超市购物
    - 评析家庭特点
    - 提出教育建议
  - “客厅家庭会议”案例分析
    - 观看表演：在客厅召开家庭会议
    - 评析家庭特点
    - 提出教育建议

# 任务一

# “儿子要上幼儿园了”案例分析

## 任务目标

1. 树立培养幼儿日常行为习惯的意识。
2. 学会正确评价幼儿行为习惯并给予指导。

## 任务准备

1. 准备体温表、水杯、书包等，模拟幼儿入园教学。
2. 到幼儿园见习，观察幼儿入园情况，撰写见习报告。

## 工作表单

### 工作表单

**制定教育教学周工作目标**

班级： 教师： 日期：

| | | |
|---|---|---|
| 本周工作目标 | 养成教育目标 | 1.<br>2.<br>3. |
| | 综合目标 | 1.<br>2.<br>3. |

## 学习支持

良好的生活习惯对幼儿的学习和生活起着重要的作用。如果没有养成良好的生活习惯，就会影响幼儿未来的生活和学习，影响他们的健康成长。家长和教师应该采取正确的方法来引导和培养幼儿。

### 一、观看表演：儿子要上幼儿园了

第一场景。晚餐时，儿子小刚不时地拨弄着碗筷，慢吞吞地吃着饭。妈妈劝说了几次也无效，就说道："你不好好吃饭，没有哪一所幼儿园会收你，没有哪一个小朋友愿意和你一起玩，没有哪一位老师会喜欢你，看你怎么办？你这么调皮，到幼儿园以后，老师会收拾你的，小朋友也会讨厌你的。"儿子听了，赶紧坐好，很快就吃完了碗中的饭和菜。

第二场景。晚饭后，妈妈问爸爸："是让儿子进日托制幼儿园，还是进寄宿制幼儿园？如果进日托制幼儿园，那么进哪一所好？如果进寄宿制幼儿园，又进哪一所好？"爸爸说："儿子上中学以前的事情，都由你做主，你说了算。"妈妈说："我不知道什么样的幼儿园好，担心选的幼儿园不好，会影响孩子将来的前途。"爸爸说："幼儿园不就是看管一下小孩子吗？不出事就行了，随便上哪个幼儿园都一样，你看着办吧。我要看电视去了。"妈妈又问儿子："你想上什么样的幼儿园？"儿子说："老师不打骂我的幼儿园，老师让我看电视的幼儿园，老师能教我踢足球的幼儿园。"

第三场景。睡觉前，妈妈给单位里的几个同事打电话，了解他们孩子所在幼儿园的一些情况，并问他们"小刚上什么样的幼儿园好？"。妈妈想：小刚独自吃饭、穿衣、睡觉等方面的能力较差，如果让他上寄宿制幼儿园的话，就能帮助他克服这些毛病，但自己不能天天看到他，想他了怎么办呢？妈妈把儿子搂在怀里，对他说："明天，妈妈要带你到一个幼儿园去参观，以后，妈妈每个星期接你回来住几天。"儿子听了，紧紧地搂住妈妈的脖子，放声大哭："妈妈你是不是不要我了，我以后会好好吃饭的，我再也不惹你生气了，你不要把我送给幼儿园。"

## 二、评析家庭特点

### （一）幼儿的发展特征

从第一场景来看：儿子吃饭时不够专心，喜欢边吃边玩，吃饭动作较慢，自觉性较差；向往上幼儿园，期望得到老师的关爱和小朋友的青睐；理解能力较强，用自己的动作对妈妈的言语做出了及时的反应。

从第二场景来看：儿子的短时记忆能力较强，基本上记住了妈妈刚才说过的话，但他对“收拾”等词语的理解不够准确，还听不出妈妈的话外之音；对电视、足球有着浓厚的兴趣。

从第三场景来看：儿子对妈妈有着明显的依恋关系，紧搂妈妈，不愿和其分离；情感外露、强烈、脆弱，用“大哭”来发泄自己的不满情绪，表明自己的反抗意识；认知水平较低，不明白上幼儿园是怎么一回事，误以为上寄宿制幼儿园就是“妈妈不要他了”；反应敏捷，试图通过自己“好好吃饭”的许诺来改变妈妈的决定。

总之，这个儿子独立生活能力较弱，理解能力和表达能力较强。

### （二）父母的教养方式

从第一场景来看：这位妈妈能注意从饮食习惯入手，做好儿子的入园准备工作；但劝说儿子的耐心不够，她所使用的“没有哪一个……”的三个排比句，会挫伤儿子的自尊心，易导致儿子产生自卑的心理、不合群的行为；她所采用的吓唬办法，虽然帮助她达到了眼前的教育目标（使儿子快速吃饭），但对长远教育目标（使儿子适应幼儿园生活）的实现则极为不利，因为这会让儿子滋生对幼儿园的恐惧心理，害怕与教师交往，与小伙伴为敌，从而延长儿子适应幼儿园生活的时间，制约儿子社会性的发展，阻碍儿子社会化的进程。

从第二场景来看：这位妈妈认识到了幼儿园教育的重要性，把年幼儿子的教育看作是其未来发展的基础；很重视儿子的教育问题，注意为儿子选择好的幼儿园；比较民主，遇事能主动与爸爸商量，不自作主张；尊重儿子，用平等的态度对待他，征询他的意见。这位爸爸不应以儿子的年龄阶段作为与妈妈分工的标准，因为处于学前期的孩子，尤其是男孩，更需要得到父亲的关爱和教诲，受到父亲人格的熏陶；对幼儿园的认识比较片面，未能意识到幼儿园教育的价值，因为幼儿园教育是基础教育的重要组成部分；没有履行教育年幼儿子的义务，以“看电视”为借口，推脱自己的责任，不再对儿子的入园问题发表见解。

从第三场景来看：这位妈妈遇到问题能积极向同事求教，借鉴他们的成功经验，为自己儿子择园；重视儿子独立生活能力的培养，但不应由此就做出把儿子送到寄宿制幼儿园的决定，这既是因为日托制幼儿园同样也能培养孩子的独立生活能力，也是因为寄宿制幼儿园与日托制幼儿园相比存在着以下几个缺点：①难以满足儿子情感发展的需要。心理学研究表明，父母是年幼孩子情感发展的重要营养源，父母和孩子相处的时间、亲子互动的质量都直接关系到孩子情感发展的水平，同父母的较久分离会给孩子造成巨大的情绪创伤。②难以使父母承担教育孩子的义务。教育部在《家长教育行为规范》中要求家长“自觉履行教育子女的职责”，孩子每周只有2天的时间在家里度过，父母不可能真正担负起教育孩子的责任。③难以实现家园合作共育。教育孩子是件复杂的事情，需要家庭和幼儿园的密切联系，互相配合，家长每周只有2次机会到幼儿园接送孩子，与教师交流信息、合作的概率很低。

总之，这位妈妈的教育责任感很强，儿童观、教育观较科学，但教育艺术不够，教育行为欠妥。

## 三、提出教育建议

（1）妈妈应用正面教育的方法，引导儿子，鼓励儿子，为儿子做好入园的心理准备。例如，可对儿子说“你吃饭的速度再快一点点，就能上幼儿园了”；“你好好吃饭，到了幼儿园里，老师就会更喜欢你的，小朋友就会和你一起玩的”。这样，进餐就成了儿子盼望自己快快长大、早一点上幼儿园的“催化剂”。

（2）妈妈应注意培养儿子良好的习惯，做好入园的各种准备工作。除了饮食习惯的培养以外，还要注意帮助儿子形成良好的睡眠习惯（如自己能入睡）、盥洗习惯（如自己会刷牙、洗脸）、劳动习惯（如自己的事情能自己做）、游戏习惯（如自己能收拾玩具）和礼貌习惯（如能主动向别人问好），提高儿子的独立生活能力和社会交往能力。

（3）妈妈应通过多种渠道获取幼儿教育信息，掌握正确择园的策略。既可到书店购置幼儿教育图书、到图书馆借阅幼儿教育报纸杂志，也可收听幼儿教育广播，收看幼儿教育电视节目，此外，还可拨打幼儿教育咨询热线，上网查询幼儿教育动态，寻求教育建议。

（4）妈妈应让儿子上日托制幼儿园，在选择具体的幼儿园时，可通过实地考察的办法来进行，认识到“目睹”比“耳闻”更重要；在做出取舍幼儿园的决定时，要把重点放在“软件”（如园长、老师、保育员、保健医生对儿童的态度，他们是否经常对儿童微笑）的建设上，而不是“硬件”（如活动室、钢琴、电脑、玩具、空调、饮水机）的提供上。例如，妈妈可在早晨上班前，站在幼儿园门口，观看幼儿入园的情况，如老师是否热情地欢迎每个儿童入园；也可在傍晚下班后，站在幼儿园门口，观看幼儿离园的情况，如老师是否亲切地和每个儿童道别。

（5）妈妈应多带儿子到附近的幼儿园去看看、走走、玩玩，使孩子能通过亲身的体验认识幼儿园、熟悉幼儿园、喜欢幼儿园，加深对老师的印象，结交新的朋友，消除对幼儿园、老师和小朋友的陌生感和恐惧感，更快更好地适应将来的幼儿园生活。

（6）爸爸不仅要认识到幼儿教育的重要性，担负起教养儿子的责任，还应和妈妈一起讨论儿子的入园问题，分析日托制幼儿园和寄宿制幼儿园的利弊得失，根据儿子的特点，选择适当的幼儿园，促进儿子更好地发展。如可让儿子上体育幼儿园、足球特色幼儿园，使儿子有更多的机会做自己喜欢的事情，发展兴趣爱好，培养良好的个性品质。

# 任务二

# “海边玩沙戏水”案例分析

## 任务目标

1. 了解海水与井水之间的差异。

2. 动手体验沙子质感。

## 任务准备

1. 准备好海沙和河沙，了解海沙与河沙的差异。

2. 到幼儿园见习，结合生活实际设计教学活动，撰写教学案例分析。

## 工作表单

### 工作表单

**制作海边玩沙戏水活动安排表**

姓名：　　　　　　　　班级：　　　　　　　　日期：

| 时间 | 活动内容 | 活动目标 | 指导要点 |
|---|---|---|---|
| | | | |
| | | | |
| | | | |

## 学习支持

陪伴是守护孩子的最好方式，也是给孩子的最好礼物，而最好的陪伴是和孩子一起成长，是欣赏孩子成长路上的风景、阳光和美好，是倾听孩子成长路上的细雨清风。幼儿的世界很单纯，他们需要这一程的陪伴和鼓励。那些来自父母的爱和鼓励是他们跌倒时重新站起的勇气。带着这些爱上路，孩子的脚步会充满力量。

### 一、观看漫画：在海边玩沙戏水

第一张：爸爸、妈妈和扎着羊角小辫子的女儿来到了海边，爸爸说着“一、二、三，看谁先把衣服、鞋子脱下”，和妈妈对视了一下以后，就放慢了脱衣鞋的速度；女儿高兴地叫道“哈哈，我得了第一名，我当了冠军了”。他们各自在泳装外套上了游泳圈，手拉着手走向了大海。在海水与女儿的腰部一样高的时候，妈妈提议：“我们就在此蹚着水玩玩，好吗？”一家人准备玩水，如图7-2-1所示。

图7-2-1 一家人准备玩水

第二张：女儿提出了“不知道海水的味道怎么样，好喝不好喝”的疑问，爸爸一脸严肃地回答“海水很咸很苦”，女儿追问“你怎么知道的？”。爸爸接着说：“我小时候学游泳时，不小心，喝过几口海水。”女儿说“我也来喝一口”后，就低下头欲喝海水。妈妈立即加以阻止，“海水很脏，不能喝，喝了会生病的，我们回到岸边休息一下，喝点矿泉水吧”。

图7-2-2　海水的味道

第三张:爸爸建议玩个“沙雕”的游戏。他仰面朝天,躺在沙地上,闭上了双眼,让母女俩用沙子把他的身体全部铺满,只露出五官来。一家人海滩玩沙活动,如图7-2-3所示。女儿也要学爸爸的样子,躺下被沙子覆盖,但遭到了爸妈的一致反对,“你的小辫子里会钻进沙子的,头发弄脏了很难洗干净”。女儿噘起了小嘴,一副不开心的样子。妈妈劝她“女孩子是不能随随便便睡下来的,你看妈妈就没有躺在沙地上”。女儿没有听从妈妈的告诫,睡到了沙地上,一个劲儿地往自己身上堆沙子。爸妈见状,一边说“我们要到海里去玩水了”,一边起身向大海跑去,女儿一骨碌爬起来,向爸妈追去。

图7-2-3　一家人海滩玩沙活动

## 二、评析家庭特点

### (一)孩子的发展特点

从第一张漫画中,我们可以看出,这个女儿自理能力较强,能自己脱下衣服、鞋子,套上游泳圈;情绪外露欢快,勇当第一,肢体动作较为协调。

从第二张漫画中,我们可以看出,这个女儿对海水的味道产生了强烈的好奇心,向父母提出了一连串的问题;尝试探索的需求旺盛,欲通过自己亲口尝一尝,来了解海水的滋味;懂事听话,能听从母亲的教诲,能控制自己的冲动。

从第三张漫画中,我们可以看出,这个女儿对玩沙有着浓厚的兴趣,游戏的合作水平较高,能服从爸爸对角色的安排,与爸妈一起玩耍;模仿性、反抗性较强,当自己提出的要求被爸妈拒绝时,仍坚持己见,不达目的决不罢休;喜合群,怕孤独,不愿与爸妈有短暂的分离。

总的来说,这是个独立、有主见的孩子,喜欢玩沙戏水,思维能力较强,社会性发展水平较高。

### (二)父母的教养方式

从第一张漫画中,我们可以发现,父母能够相互配合,机智地教育孩子。父亲懂得教育艺术,通过比赛燃起女儿争强好胜的心理,顺利地达到了自己预期的脱衣鞋目标。母亲重视孩子的安全问题,意识到水的危害性,能仔细地观察水位,适时提出了合理化的建议。

从第二张漫画中,我们可以发现,父亲能及时、真实地应答孩子提出的问题,这不仅有利于孩子思维能力的发展,而且有助于孩子诚实品质的养成。母亲能因势利导,给孩子讲道理,转移孩子的注意力,使孩子的不妥行为消失在萌芽状态之中。

从第三张漫画中,我们可以发现,父亲有颗童心,喜欢合家游戏,和孩子一起玩沙,引发了孩子对沙的关注,促进了孩子与沙的接触,但他和母亲结成同盟,阻止孩子学样,却使孩子失去了从不同侧面了解沙的特性的大好时机。母亲的性别歧视观念较为严重,给女儿设置的清规戒律较多,这会使女儿从小不能与男孩站在同一起跑线上竞争,产生对性别的偏见。父母一同跑向大海的言行,扼杀了女儿探索沙子的主动性和积极性,易使女儿变成唯命是从、唯唯诺诺、不敢进取的人。

总的来说,这是个民主型为主的家庭,父母在教育孩子时配合默契,相互支持,形成了合力,且注意选用教育策略,讲究教育艺术。

## 三、提出教育建议

### 1.父母应引导孩子观察大海,丰富孩子关于海水的知识

当全家人面对大海或站在海水中时,父母可和孩子一起观察、描述,如:海水有颜色,是湛蓝色的;海水有浮力,帆船在它上面会飘浮;海浪会随风起舞,海浪拍岸时会发出不同的声音。

### 2.父母应启发孩子思考问题，培养孩子发散思维的能力

在孩子提出问题以后，父母不一定都要立即给予回答，可鼓励孩子自己思考，寻找问题的答案；父母也可向孩子提出一些问题，如：海水为什么看上去是湛蓝色的？游泳圈为什么会浮在海面？脚下碰到了什么东西？它们为什么会下沉？爸爸妈妈为什么要在夏天带你来游泳？指导孩子从不同的角度加以思考，以帮助孩子全面认识海水的特性以及人类与海洋之间的关系。

### 3.父母应给孩子提供游泳的机会，教给孩子简单的技能

既然已来到了海边，又穿上了游泳衣、套上了游泳圈，那么就该进行游泳的实践，让孩子学一点仰泳、蛙泳、蝶泳、自由泳的姿势，或随意地拍打海水、踩水。

### 4.父母应解放孩子的躯体和手脚，增加孩子接触沙子的机会

应帮助孩子习得安全玩沙的常识和技能，允许孩子躺在沙地上，往自己身上堆沙，用身体去接触沙子、体验沙子，相信孩子是不会把沙子灌进体内损害健康的。

### 5.父母应树立科学的性别观

不要向年幼的孩子传递易引起性别判断失真的信息，使孩子陷入“女孩真倒霉”的性别误区，对自己的性别不满，而要帮助孩子扬起两性平等的风帆，为自己是个女孩而感到骄傲和自豪，使“谁说女子不如男”的千年古训能铭记于孩子的心间，落实在孩子的行动上，以培养孩子刚柔并济的气质，促进孩子人格的健康发展。

### 6.父母应开展各类玩沙游戏，帮助孩子充分认识沙的特性

父亲在玩“沙雕”的游戏之前，可鼓励母女俩想出其他的方式来玩沙，使孩子认识到沙的各种特性，提高动手能力、想象能力和创造能力。例如，通过“造天塔”，让孩子意识到沙可以堆积；通过“制手榴弹”，孩子把沙装进矿泉水瓶子，就能发现沙子会填满容器；通过“挖隧道”，孩子能发觉用手推开沙子很容易；通过“筑水渠”，孩子能感受到靠近海水的沙子是湿的、较重，远离海水的沙子是干的、较轻；通过玩“魔术师”的游戏，孩子用手掌手指、脚掌脚趾等固定沙，就能发觉沙可压成多种形状；通过玩“天女散花”的游戏，孩子能意识到从手指间掉下去的沙是软的，停留在手上的沙是硬的。通过玩“宝贝吃饭”的游戏，孩子在把沙子装进大小不同的贝壳里、再倒出来的过程中，就习得了“满与空”“多与少”的概念；通过玩“宝宝荡秋千”的游戏，孩子在把沙子装进果冻盒以后加以摇动，就能发现细小的沙子到了底端，粗大的沙子仍在顶部。

# 任务三

# “公交车上的交谈”案例分析

## 任务目标

1.树立引导幼儿了解乘坐公交车安全注意事项的意识。

2.学会如何引导幼儿文明乘坐公交车。

## 任务准备

1.收集公交安全宣传标语,做好课前分享准备。

2.到幼儿园实地见习,倾听幼儿园老师讲解幼儿文明安全乘坐公交车的注意事项。

## 工作表单

### 工作表单

**制作幼儿安全乘车记录表**

姓名:　　　　　　　　　　班级:　　　　　　　　　　日期:

| | |
|---|---|
| 我是这样来幼儿园的: | 经过了几个红灯: |
| 路上我遇到了: | 看到了交通标志: |

## 学习支持

德育是幼儿社会性发展教育的核心和导向力量。幼儿的社会性主要体现在日常生活和游戏中，通过观察和模仿潜移默化地发展。《幼儿园工作规程》对幼儿园的品德教育进行了定位，提出了品德教育要注意情感教育并涉及幼儿的社会性教育。为此，家长和教师要为幼儿提供社会交往和共同活动的机会和条件，引导幼儿乐于与人交往、文明礼貌交往、乐于与人分享自己的情感。

### 一、观看小品：在公交车上交谈

第一场景。6路公交车靠站了，爸爸让女儿先上车，女儿转过身来说："爸爸，让我来用电话手表扫码好吗？"爸爸边说"你还小，等你长大了再帮爸爸吧"，边自己扫了乘车码。女儿有点不高兴，小嘴巴直往上噘。如图7-3-1所示。

图7-3-1　女儿上公交车

第二场景。父女俩很快来到了一个空座位旁，爸爸把女儿抱坐在自己的腿上；当女儿发现前排靠窗座位上的一位叔叔起身要下车时，便迅速挣脱了爸爸的双手，从爸爸的腿上滑溜下来，以迅雷不及掩耳之势，在一位阿姨之前，占领了这个空座位，如图7-3-2所示；爸爸发觉后，对女儿说"玲玲，如果你想坐的话，就坐在爸爸的腿上，小孩子不可以抢占座位的，让这位阿姨坐下"。女儿听罢，很快回到了爸爸的身边。

图7-3-2 女儿抢占位置

第三场景。当阿姨向父女俩道谢后坐下时，女儿轻声地问爸爸："这个阿姨是干什么的？"爸爸说，"你自己问"。女儿不愿意，非要爸爸问。爸爸说："可能是当老师的吧，你自己问一问，看看是不是？"女儿把头转了过来，用疑惑的目光打量着阿姨，阿姨点头称"是的"。女儿惊喜地问道："爸爸，你怎么知道阿姨是当老师的？"爸爸说："我还能像你一样笨吗？我是看出来的。"女儿扫兴地低下了头。如图7-3-3所示。

图7-3-3 父女对话

## 二、评析家庭特点

### （一）女儿的发展特征

从第一场景中，我们可以看出，这个女儿有了"我已长大"的自我意识，希望自己能帮助爸爸做点小事，像大人一样扫乘车码。她用询问的方式想让爸爸满足自己的心愿，当遭到爸爸的拒绝以后，她用噘嘴巴来表达自己的不满，具有一定的反抗意识。

从第二场景中,我们可以看出,这个女儿比较机灵,观察周围环境的能力较强,对人和事都很敏感,反应极快。分辨是非能力较弱,可塑性较强,很听爸爸的话,当爸爸发出劝告指令时,能听从。

从第三场景中,我们可以看出:这个女儿对身边的陌生人怀有好奇心,想提问题,但又不敢,显得胆量有点小;口语水平较高,且喜欢刨根问底,前后使用了两个不同的反问句,来探寻事物的根源;情绪不稳定,变化较快,易受爸爸言语判断的影响;自尊心较强,当受到伤害时,就不再发出声音,以沉默来表达自己的不快。

总体而言,这个女儿聪明伶俐,讨人喜欢,好奇好问,观察能力、反应能力、语言能力都较强,情绪外露、容易变化,判断推理能力略显不足。

### (二)爸爸的教养方式

从第一场景中,我们可以看出:这位爸爸对女儿比较呵护,他认为女儿年龄尚小,还不能替爸爸扫码付车费。他对女儿的拒绝,实际上压抑了女儿自我意识的发展,阻碍了女儿帮助大人做事的美好愿望的实现,从而使女儿失去了一次实际操作的机会,不利于女儿更快地适应未来的社会生活。

从第二场景中,我们可以看出:这位爸爸比较怜爱女儿,同时又注意培养女儿文明礼貌的行为习惯和基本的社会公德,当女儿做出不良的行为时,能及时加以阻止,提出明确具体的要求,抑制了女儿抢占座位的毛病的养成;爸爸很有威信,女儿对他言听计从。

从第三场景中,我们可以看出:这位爸爸能鼓励女儿大胆提问、自己去寻找问题的答案,这有利于激发孩子思维的火花,提高孩子与人交往的能力;这位爸爸精明能干,思维水平较高,善于观察,能根据自己的观察,进行判断推理,得出正确的结论,但没有注意把自己思考的方法教给女儿、在陌生人面前给女儿留一点面子,结果挫伤了孩子的自尊心。

总的来讲,这是位民主型的爸爸,对女儿宽严并济,该放则放,该管则管,重视培养孩子的思维能力,但忽略了孩子的尊严,在不经意中伤害了女儿。

## 三、提出教育建议

(1)爸爸应树立科学的儿童观,要把女儿看作有能力的个体。当女儿萌发出要帮助大人做点力所能及的小事(如用电话手表扫乘车码)的愿望的时候,爸爸应给其提供机会，让其体验成功的喜悦，以强化其主动帮忙的行为。

（2）爸爸应给女儿提供多与人进行口头交谈的机会，鼓励孩子在陌生人面前大胆讲话，增进孩子的语言自信心，促进孩子的社会化进程。

（3）爸爸应把自己判断推理的过程告诉女儿，使女儿掌握科学思维的方法这个“点金术”，学会举一反三。比如，爸爸可让孩子知道自己是根据下面这些线索来推测这位阿姨是个老师的：刚才我们上车的这一站是“××”，这位阿姨也是在这一站上车的；刚才你抢占她旁边的座位时，她只是笑了笑，没有责怪你；你让出了座位以后，她又用普通话向你表示感谢；等等。

（4）爸爸不应用“笨”之类的消极词语来形容女儿，特别要忌讳在众多的陌生人面前用否定的词语贬低女儿。孩子虽小，但也有人格和尊严，爸爸应加以保护，多从正面进行启发引导，如“玲玲胆大，敢和不认识的人讲话”，“玲玲聪明，自己动脑筋想一想，爸爸是怎么猜对的”等，以提高孩子的自尊水平，帮助孩子建立良好的自我形象。

# 任务四

# “超市购物”案例分析

## 任务目标

1. 树立培养幼儿正确购物观的意识。
2. 学会如何培养幼儿使用货币购物的能力。

## 任务准备

1. 收集超市报价表,了解相关消费观念知识,进行课前模拟教学。
2. 参加幼儿园教师组织的购物活动,尝试撰写案例分析。

## 工作表单

工作表单

**绘制幼儿购物清单表**

班级：　　　　　　　　姓名：　　　　　　　　时间：

| 物品名称 | 图示 | 数量 | 价格 | 是否已买 |
| --- | --- | --- | --- | --- |
| | | | | |
| | | | | |
| | | | | |

## 学习支持

育儿处处皆学问。培养幼儿的独立性与自理能力是一个长期的过程，是在陪伴中不断发现问题，不断引导的过程。家长和老师要给予幼儿足够的时间和空间，为幼儿树立学习的榜样。这将为幼儿未来的成长和发展奠定坚实的基础。

### 一、观看小品：在超市购物

第一场景。父子俩一前一后走进了××超市，父亲在一叠提篮中拿出了最上面的一个，儿子赶紧对父亲说“爸爸，我要拎篮子”，父亲便爽快地把篮子递给了儿子。

第二场景。在食品货架前，父亲对儿子说，我们俩比赛，看谁先找到“××薯片”。当儿子先找到时，父亲兴奋地说：儿子，你真棒，有孙悟空的眼睛。在水果货架前，儿子两眼盯着香蕉，问道：“这里的香蕉个子怎么会长这么大？”“因为这是从国外进口的”，父亲在回答儿子的问题之后，问儿子：“这个大香蕉看上去像什么？”儿子说：“像月亮”，“还像什么？”“像小船”，“还像什么？”“像小桥”，父亲说：“像月亮还马马虎虎，但不像小船、小桥”。在水产货架前，父子俩观赏着水中游动着的鱼、爬行着的螃蟹，儿子不解地问：“螃蟹为什么要横着走路？”父亲说：“我也不知道，回去以后我们翻翻书、查查字典。”在文具货架前，父亲对儿子说：“你自己选一支喜欢的笔。”在饮料货架前，父亲让儿子挑选了一小盒可口的饮料。在牛奶货架前，父亲伸手正准备拿一个用大纸盒装的牛奶时，儿子说道：“爸爸，我和你说过的，我不喝牛奶，我要喝酸奶。”父亲答道：“酸奶太冷了，又不能用微波炉热，再说了，你不喝，爷爷奶奶、爸爸妈妈还要喝呢，牛奶很有营养的，你喝了个子能长高的。”“我不怕冷，我吃冰淇淋都不怕冷。”儿子用眼睛扫视了一下附近的冷饮柜，补充道：“不信，你买一个让我尝尝。”父亲说：“我们出门时说好的，今天不买冰淇淋，你感冒刚好，你还想打针？”儿子默默无语两眼泪，父亲见状，一边说“男儿有泪不轻弹，快擦掉”，一边迅速挑了一盒最小的酸奶递给儿子，儿子马上破涕为笑。

第三场景：在通往收银台的途中，儿子用衣袖擦干了眼泪，双手拎着购物篮，一步一歇、歪歪扭扭地走着，父亲要过去帮忙，儿子不愿，父亲就告诉他“把篮子放在地上，推着走，这样会很省力气的”，儿子按照父亲的提议去做了。在收银台前，儿子要往前挤，父亲拉住他说，“别往前挤，小孩子要懂规矩，要学会排队，等前面的阿姨付好钱以后，你再把东西放上去”，儿子后退了几步，说道：“爸爸，你把钱给我，我来买单。”

## 二、评析家庭特点

### （一）儿子的发展特征

从第一场景中，我们可以看出：这是个很独立、很机敏的“小家伙”，语言发展得也较好。

从第二场景中，我们可以看出：这个孩子观察力较强；想象丰富，能从不同的角度思考问题，发散思维较好；喜欢动脑筋，能大胆地提出自己不懂的问题，如关于大香蕉、横着走路的螃蟹；自制力较强，按照父亲的要求择物；语言发展水平较高，推理能力较强，试图用“我吃冰淇淋都不怕冷，还嫌喝酸奶冷吗”的观点来说服父亲；但心理较脆弱，情绪外露、易变且强烈，当“感冒”“打针”的字眼勾起了他的痛苦回忆时、当他想买酸奶与冰淇淋的愿望即将落空时，他使用了“眼泪”这一最强大的武器来捍卫自己的“权益”。

从第三场景中，我们可以看出，这个儿子责任心很强，没有忘记自己拎篮子的重任，不怕困难，意志顽强；“我长大了”的成人意识较强，可塑性较大，在听了要排队付款的要求以后，能够及时地改正错误，遵守社会规则。

总的来讲，这个儿子很有“男子汉”的气概，在智力商数（如观察能力、想象能力、思维能力、语言能力）和情感商数（如主动性、独立性、坚持性、自律性）上的发展都较好。

### （二）父亲的教养方式

从第一场景中，我们可以看出：这是位不怕孩子走失的“大大咧咧”的父亲，对儿子较为放手，儿子想做的事，就让他去做，反正是一只空篮子，儿子拎得动，他要拎，就让他去拎。

从第二场景中，我们可以看出：这位父亲能利用孩子喜欢竞赛、喜欢成功的特点，来培养孩子的观察能力；能启发孩子想象，引导孩子从不同的角度考虑问题；对回答不了的问题，没有采取敷衍了事、乱说一通的方式来应付孩子，而是实事求是地告诉孩子，回家以后找最好的老师（字典）来帮忙，有利于孩子掌握科学的学习方法；在文具货架前、饮料货架前对孩子进行限量购物，有助于孩子自控能力的培养；在牛奶架前对孩子的循循善诱，有利于孩子认识到牛奶对身体的益处以及家庭其他成员的需要；对儿子眼泪的看法，反映了这位父亲有强烈的性别角色意识和期望；父亲最终还是没有经得起儿子的眼泪这颗炮弹的袭击，屈服于孩子，结果前功尽弃。

从第三场景中，我们可以看出：这位父亲很心疼儿子，担心篮中物品太重、儿子拎不动，当儿子坚持己见时，父亲教给了儿子一种行之有效的办法；当儿子违反规则时，父亲能及时指出，有助于孩子认识社会规范，形成文明礼貌的行为习惯。

总而言之，这位父亲较好地掌握了购物的策略（如先选轻便的食品，后选沉重的饮料），寓教于购物活动之中，"遇物则诲，择机而教"，在看看、转转、逛逛、说说的过程中，开阔了儿子的眼界，磨炼了儿子的意志。

## 三、提出教育建议

（1）父亲可在水果货架前，为儿子提供全面认识香蕉的机会。例如：让孩子用眼睛看看香蕉的颜色、形状和苹果、梨子、橙子、柚子、哈密瓜等水果有什么区别；用手指摸摸这些水果的表皮，体验它们的软硬度的不同；用鼻子闻闻它们各自散发出什么样的香味，使孩子能通过比较，正确地认识香蕉的特性，提高分析事物、综合事物特征的能力。

（2）父亲应从儿子的视角看问题，鼓励孩子展开想象的翅膀自由飞翔，尊重孩子的独特想象，承认孩子想象的合理性，赞赏孩子思维的新奇性，力戒否定孩子从不同角度思考问题后所得出的结论，以促进孩子创造能力的发展。

（3）父亲应帮助孩子形成"有令则行，有禁则止"的好习惯，对孩子提出的要求只要是合理的，就要坚持到底，永不改变；孩子说出的愿望只要是不妥当的，就应制止，不予满足。不论孩子要什么样的花招，父亲都不要"心慈手软"，以免孩子产生"只要一哭闹，父亲就会投降"的错觉，使无理取闹成为要挟父亲的"尚方宝剑"，长此以往就会助长孩子任性等坏习气的滋生。

（4）购物回来以后，父亲可启发儿子思考：应把物品放在家中的什么地方？是否需要放入冰箱？如要放的话，是放在冷藏箱还是冷冻箱？以培养孩子的分类能力，提高孩子整理物品的技能。

（5）在家中，父亲既可为儿子提供"说螃蟹"的机会，和孩子一起编有关螃蟹的谜语、儿歌，也可给儿子创造"画螃蟹"的空间，和孩子一道，先画一台电视机，再插两个小树枝，两边都有四座山，还有两个荷包蛋。此外，还可替孩子留下"跳螃蟹"的时间，和孩子一同模仿螃蟹横着走路的动作，载歌载舞，以加深孩子对螃蟹的认识，培养孩子热爱小动物的情感。

(6)在家中，父亲可和儿子一起玩“超市”的游戏，让孩子扮演“收银员”“货架员”“送货员”“值班经理”“顾客”等各种不同的角色，充分体验到不同角色的不同社会规则，进一步认识人与人之间的关系、人与物之间的关系和钱与物之间的关系，以加速孩子社会化的进程。

# 任务五

# “客厅家庭会议”案例分析[①]

## 任务目标

1. 了解家园合作的任务。

2. 学会如何促进家园角落里互动。

## 任务准备

1. 准备好家庭会议记录本,在课堂教学中模拟召开家庭会。

2. 在家组织召开家庭会,并做好记录,就自己召开家庭会的案例在课堂上与同学分享。

## 工作表单

### 工作表单

**制作家庭会议工作表**

根据家庭会议情况,填写以下工作表。

| 会议时间 | | 主持人 | |
|---|---|---|---|
| 会议地点 | | 记录人 | |
| 会议主题 | | | |
| 会议过程 | | | |
| 意见汇总 | | | |

① 李生兰.幼儿园与家庭、社区合作共育的研究[M].上海:华东师范大学出版社,2003:307~311.

## 学习支持

独生子女居多的时代，家庭教育也发生了较大的变化。在家里随着幼儿的成长，那个稚嫩、软糯的小婴儿开始有了独立的思想、行为，亲子关系的种种问题也开始显露。实际上，很多家庭矛盾的源头都是沟通问题，让幼儿打开心扉、愿意与家长交谈，是化解沟通危机的关键。而和谐、平等、协商的家庭会议，就是建立家长与孩子良好关系的有效方式。

### 一、观看表演：在客厅召开家庭会议

图7-5-1　召开家庭会议

第一场景。爷爷奶奶、外公外婆走进了家门，爸爸妈妈向四位老人问好，并帮他们换上了拖鞋，女儿欢快地弹奏起自己创编、自己命名的钢琴曲“第一乐章——爷爷奶奶外公外婆你们好”，以欢迎他们的到来；大家在客厅就座后，女儿边说“长者优先”，边分别给爷爷、外公、奶奶、外婆递上了香蕉；几位老人也一一向她表达了谢意。爸爸宣布：“家庭大会现在开始，今天的主要议题是女儿倩倩参加兴趣班学习的问题，请大家畅所欲言，说说自己的看法。”

第二场景。妈妈首先发言，她表扬了女儿最近在弹钢琴上所取得的进步，接着又批评女儿：学习不专一，钢琴三级还未考出来，又要参加书法兴趣班；刚到书法班学了几天，就不肯去了；又要到武术班去学习。这样，既浪费时间、精力和钱财，又不能把一项技能学深学透，到头来，什么都没学会。请爷爷奶奶、外公外婆好好教育这个小孩子。女儿举手要求发言，得到爸爸的允许后，她说：我们班小朋友都没有考级，为什么要我去考级？书法班老师要我回来写30个“点”，我写了29个，妈妈就打我，我不想

学写字了。我小表哥力力不是参加武术班了吗？我也要到武术班去学习，又神气又不用做家庭作业。

第三场景。爸爸请四位老人讲讲自己的真实想法。奶奶说："女孩子还是不参加武术班为好，一天到晚打呀杀的，像什么样子，女孩子就该学点文静、温柔的东西。"爷爷说："倩倩快要上小学了，不学写字怎么能行呢？从明天开始，我来和倩倩一起练字。"外婆说："现在的社会竞争很激烈，多一项技能，就多一种生存的本领，不能让孩子输在起跑线上，小孩子不懂事，不能由着她的性子来。"外公说："小孩子想学什么，就让她学什么；不想学，就不要叫她学；才几岁的娃娃都让你们给累坏了，哪还有童年的欢乐。"女儿听了，抱住外公的脖子，在他的脸上亲了一口，说道："外公，我最喜欢您了。"爸爸最后做出了总结："我觉得外公说得最有理了，以后就按照外公的意见办事。今天的家庭会议就开到这里。现在散会。"女儿奔向钢琴，弹起了"第二乐章——世上只有爸爸好"。

## 二、评析家庭特点

### （一）女儿的发展特征

从第一场景中，我们可以看出：女儿不仅对弹钢琴有着浓厚的兴趣，而且还具有独特的理解能力和较高的创新能力，能为自己创造的钢琴曲目命名；懂事讲礼貌，尊敬祖辈，能用水果招待他们，深知"长幼有序"的道理，较好地扮演了"小主人"的角色。

从第二场景中，我们可以看出：女儿有着良好的行为习惯，能做到"要发言先举手"，得到爸爸的同意以后，才说出自己的想法；弹钢琴的技能已在原有的基础上有所提高，不愿再参加钢琴考级；兴趣较广且变化多端，不喜欢机械重复的书法练习；模仿性较强，想和小表哥一样雄赳赳气昂昂地习武，一举两得；反抗性较强，能开动脑筋解决自己面临的问题，试图通过参加书法班来逃避钢琴考级的训练，通过参加武术班来逃避书法习字的训练。

从第三场景中，我们可以看出：女儿感情外露奔放，通过自己的言行向外公表达了浓浓的感激之情；通过钢琴曲的演奏，表达了自己对爸爸的深深谢意。

总之，女儿的兴趣较为广泛，钢琴演奏技能较强，创造水平、思维水平较高，文明礼貌行为习惯较好。

### （二）家长的教养方式

从第一场景中，我们可以看出：这是个温馨和睦、民主和谐的大家庭，小辈关爱长辈，长辈礼待晚辈，形成了民主平等、遇事协商解决的良好家风，这对年幼孩子的成长有着潜移默化的积极影响；爸爸重视女儿的教育问题，在这个大家庭中起着十分重要的作用。

从第二场景中，我们可以看出：爸爸拥有正确的儿童观，他能把女儿看作一个独立的人，予以尊重，给了女儿同样的发言权利；妈妈能充分利用评价法，但对女儿的否定评价多于肯定评价；妈妈尚能尊重女儿的兴趣爱好，女儿想学什么，就让她去学什么，但在女儿习琴的过程中，要求女儿参加考级，则不可取，在女儿做书法作业的时候，动用了体罚，则是错误的；珍惜时间和钱财、注意提高女儿学习的效率值得倡导；要求女儿精通所学的技能，学什么就要把它学好，本无可非议，但不应把这与其他兴趣的培养、能力的发展对立起来。加德纳指出，每个儿童身上都至少存在着不同的智能（语言智能、数学智能、空间智能、音乐智能、交往智能、内省智能、观察智能）。这些智能是相互制约、相互促进的。此外，妈妈重视组建家庭教育的同盟军，利用集体的力量教育女儿，保证教育的一致性的做法值得称道。

从第三场景中，我们可以看出：主持家庭会议的爸爸非常民主，他鼓励每位家庭成员都说出自己的看法，应继续保持；奶奶的儿童观比较陈旧落后，有着较为严重的性别偏见，需要加以纠正；爷爷重视为孙女作好入学准备，且注意自己的榜样示范作用，值得称赞；外婆希望从小为外孙女作好应对社会的各种准备，以免孩子输在起跑线上的心态合情合理，但她主张通过强硬措施来达到目的的做法则是错误的；外公的儿童观价值观较为科学，他重视外孙女的兴趣，强调为其营造快乐的童年生活；爸爸的教育观比较正确，他的总结陈词既支持了外公的意见，也表明了自己的立场。

总之，这个家庭有着浓厚的民主氛围，大家以礼相待，坦诚相见，祖父辈家长都担负起了教育孩子的重任，且注意形成教育的合力，促进孩子个性更好地发展。

## 三、提出教育建议

### （一）家庭会议的主持人可采取轮流制

本次会议是由爸爸主持的，以后的会议可由家庭其他成员分别来主持。女儿是家庭中的一员，也可学做主持人，从主持会议的一个片段发展到主持整个会议，从主持小型会议到主持大型会议，以不断提高女儿的组织能力和自我教育能力。

### （二）妈妈对女儿应多表扬而不体罚

对于女儿在钢琴学习上的出色表现，妈妈要及时给予鼓励，加大表扬的力度，如“你的第一乐章弹奏得真好，爷爷奶奶、外公外婆他们的嘴巴都笑得合不拢了”，以强化女儿学习钢琴的积极性。妈妈不要强迫女儿参加钢琴考级，应认识到女儿学习钢琴的目的是拥有一技之长，提高艺术修养，陶冶情操，促进身心和谐发展，而不是为了获得等级证书。妈妈要保证责打女儿的行为不再发生，可根据女儿好模仿的特点，为女儿树立榜样，和女儿一起练字，培养女儿持之以恒的精神，也可针对女儿好表现的特点，为女儿提供展示自己才华的机会，如举办一个书法展，邀请亲朋好友前来参观，增强女儿对书法的兴趣。

### （三）奶奶应树立正确的儿童性别观

“男唯女俞”“男鞶革女鞶丝”等是我国古代传统的儿童性别观，对男女儿童的言行穿戴都做出了极其严格的规定，不能越雷池半步。奶奶应抛弃之，树立起新时代的儿童性别平等观，要意识到当代社会所需要的是个性健康发展的人。习武等体育活动的开展，不仅对男孩子有益，对女孩子也非常有益。

### （四）外婆应学会尊重外孙女的意愿

心理学研究表明，处于童年期的孩子的兴趣很容易变化，极不稳定，外婆应注意了解外孙女的兴趣爱好，尊重外孙女的选择，满足外孙女的愿望，而不把成人的意志强加给外孙女，让外孙女去实现自己未曾实现的人生理想，使外孙女的兴趣能朝着健康的方向发展，为其将来的学习、生活和工作做好充分的准备。

### （五）对女儿参加的会议和时间应加以控制

年幼的女儿并不一定要参加家庭会议的全过程，有些内容可以让女儿旁听，并给她发表自己意见的机会，而有些内容则不然，以免女儿钻大人教育意见不一致的空子，寻求自己的保护伞，而抵消教育的作用，削弱教育的力量，降低家长的威信。

## 项目小结

家园社合作共育案例分析有助于与学校、家庭和社区建立更好的合作关系，共同为幼儿的成长提供支持和帮助。通过相关案例分析，能够让家庭、社区和学校形成良好互动态势。

## 思考与练习

1. 当幼儿愿意帮家长或老师做事的时候，你作为家长或老师应该如何指导？

2. 你作为幼儿园教师，当在公交车上看到你的学生在和他妈妈吵架，你会怎么办？

## 直通赛证

### 一、选择题

1. 下列几种意外事故，不正确的处理方式是(　　)。

A. 有小飞虫进入幼儿眼里，翻开眼皮后用海绵签轻轻擦去

B. 幼儿跌倒后轻微的擦伤，对伤口清洗去污，涂上消毒药品

C. 幼儿鼻内进了小珠子、豆粒等圆滑异物，用镊子去取

D. 幼儿被蜜蜂轻度蜇伤后，在伤口涂淡碱水或肥皂水等弱碱性液体

2. 为保障幼儿身体健康发育，教师要求幼儿有正确的站姿和坐姿，这是因为幼儿(　　)。

A. 骨骼弹性大，可塑性强，易变形　　B. 骨骼弹性大，可塑性小，易变形

C. 骨骼弹性小，可塑性小，易变形　　D. 骨骼弹性小，可塑性强，易变形

3. 小军打针时对自己说："我不怕！我不哭！我是男子汉！"这表现出他初步具备(　　)。

A. 情绪理解能力　　B. 情感表达能力

C. 情绪识别能力　　D. 情绪自我调节能力

4.《托儿所幼儿园卫生保健工作规范》规定，1—3岁儿童每年健康检查的次数是(　　)。

A. 1次　　B. 2次　　C. 3次　　D. 4次

## 二、分析题

**材料：**小班角色游戏时，李老师发现豆豆经常会倒提起布娃娃，边打边说："你不乖，我打你，你再哭，我还打！"

1. 分析豆豆出现这种行为的可能原因。

2. 针对这样的情况，李老师该怎么做？

## 推荐阅读

1. 孟瑾，《小小社区娃——幼儿园社区资源的开发与利用》。推荐理由：本书讨论幼儿园如何在了解社区运作模式、清楚社区各种物质资源和人际关系资源的基础上，与社区合作，建立相互支持、相互建设的共赢伙伴关系，共同促进幼儿发展。在"利用资源开展的活动"中为读者呈现社区资源地图，同时展现了多个与社区人力资源、物质资源、自然资源相关的内容；在"结合主题实施需求开展的活动"中，以小班、中班、大班三个年龄段为线索，呈现了十多个案例，展现幼儿园在主题活动实施过程中对社区资源的利用。

2. 中华人民共和国教育部制定，《幼儿园教育指导纲要(试行)》。推荐理由：《幼儿园教育指导纲要(试行)》总结了我国幼儿教育改革的经验，并充分吸收了世界范围内早期教育的优秀思想和研究成果。

## 拓展阅读

### 联合国《儿童权利公约》中关于儿童权利的约定

《儿童权利公约》共54条，实质性条款41条，其中被提到的儿童权利多达几十种，如姓名权、国籍权、受教育权、健康权、医疗保健权、受父母照料权、娱乐权、闲暇权、隐私权、表达权等。但其最基本的权利可以概括为四种：

1. 生存权——每个儿童都有其固有的生命权和健康权。包括有权接受可达到的最高标准的医疗保健服务。

2. 受保护权——不受危害自身发展的、被保护的权利。包括保护儿童免受歧视、剥削、酷刑、虐待或疏忽照料，以及对失去家庭的儿童和难民儿童提供基本的生活保障。

3.发展权——充分发展其全部体能和智能的权利。儿童有权接受正规和非正规的教育,以及儿童有权享有促进其身体、心理、精神、道德和社会发展的生活条件。

4.参与权——参与家庭、文化和社会生活的权利。儿童有参与社会生活的权利,有权对影响他们的一切事项发表自己的意见。

## 体罚和变相体罚的现象及危害

1.体罚幼儿是指通过对儿童身体进行惩罚企图达到教育训练目的的手段,是伤害儿童身体或心灵的行为,常见的形式为用手脚殴打、用器物打、罚站、罚跪、饿饭、罚劳动或身体运动、掌掴或令儿童自掴。体罚是处罚儿童的错误教育方式。

2.变相体罚是指用上述体罚方式以外的其他形式来惩罚学生。变相体罚同样会侮辱学生人格,伤害学生心灵。其形式可归纳为以下几种:

(1)罚抄:强制性抄过量作业。

(2)罚钱:不论数目多少,不论形式如何。

(3)罚做值日或罚其打扫卫生并连续几天。

(4)逐出教室而不及时处理。

(5)辱骂学生,讽刺挖苦学生。

(6)敲教鞭,甩东西。

(7)未经领导同意,随意停课或停止学生参加一切活动。

3.危害:体罚和变相体罚对学生的身心健康有极大的伤害,在生理方面,可能致伤致残,甚至导致死亡;在心理方面,使儿童变得恐惧,缺乏安全感,并摧残学生的心灵,扭曲学生的人格,损害学生的尊严,禁锢学生的思想。

# 附录:一线教学实践案例

## 一、“家园同心”案例分析

### (一)案例描述

第一场景:保护鸡蛋宝宝

有一次,幼儿园中班进行一次保护鸡蛋宝宝的活动,徐妈妈送女儿到幼儿园门口后才发现女儿忘记带鸡蛋了。她没有责备孩子,而是骑着自行车回家去取。那天晚上回家后,徐妈妈的女儿说老师夸奖她,说她的鸡蛋宝宝保护得很棒,蛋都没有破。

1.保护鸡蛋

2.给鸡蛋涂上颜色

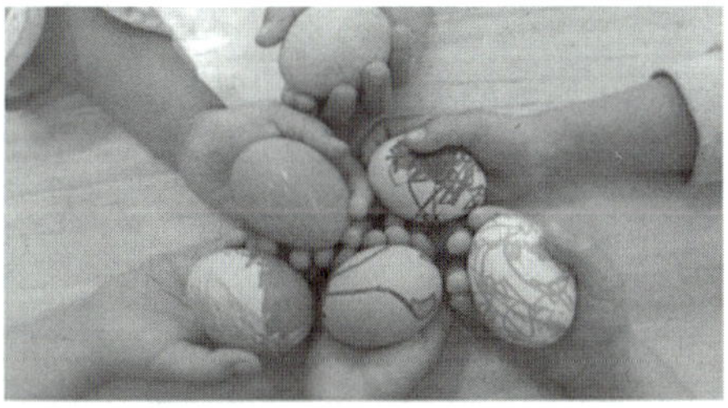

3.鸡蛋变成可爱的鸡蛋宝宝

图附-1　保护鸡蛋宝宝

第二场景:图书漂流

为了培养孩子们的阅读兴趣和习惯,提高家长的阅读意识和能力,同时加强家长与幼儿之间的亲子互动,幼儿园组织了图书漂流活动。雯雯周五在班上借了一本绘本,周三还书时其他小朋友拿出了自己阅读后画出的感想进行分享,雯雯低着头,嘴角微微向下,说:“我没有带书也没有画画。妈妈爸爸太忙了,叫我自己看。”

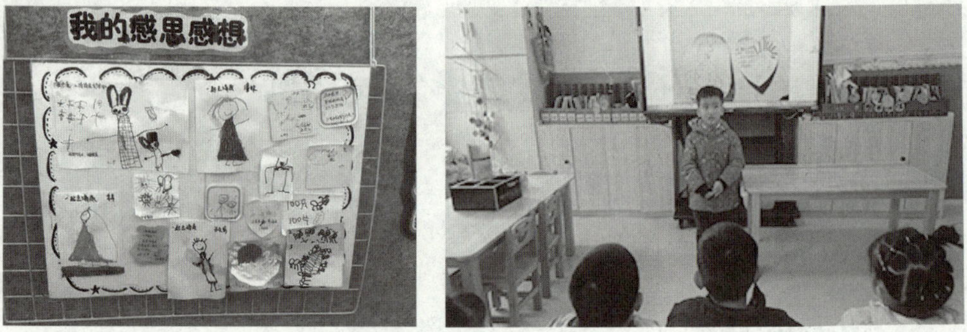


图附-2　读书分享

## (二)评析家庭特点

第一场景,在已经到幼儿园却忘记带鸡蛋的情况发生后,徐妈妈第一时间回去拿,说明她重视家园教育的一致性,然后也没有表现出其他不好的情绪,说明家长具有稳定的情绪,并且能及时与孩子进行交流。最后晚上回家还与女儿进行活动反馈,说明家长尊重幼儿。

第二场景,当下年轻人的工作都比较忙,雯雯爸爸妈妈缺少亲子的陪伴时间。小班的阅读是需要亲子共读的,没有成人的陪伴幼儿很难进行。家长、幼儿园与幼儿三者之间缺少沟通,家长教育理念需要转变。

## (三)案例分析

从第一场景中可以看出,家长对幼儿园的“共同教育”要予以重视。幼儿年龄较小,很多时候需要家长的帮助与提示。

从第二场景中可以看出,家园沟通需要家长和幼儿园共同努力。家长应该积极参与幼儿园的活动,与老师合作,帮助孩子更好地成长。同时,幼儿园也应该主动与家长沟通,让家长了解幼儿园的教育理念和教育方式,以便更好地配合幼儿园的工作。

以上两个案例都是关于幼儿园家园沟通的例子。通过这些案例,我们可以了解到家园沟通的重要性以及如何进行有效的家园沟通。有效的家园沟通可以帮助孩子更好地成长,提高教育效果。

## (四)提出教育建议

(1)培养良好的沟通习惯:家长和幼儿园老师之间要建立起良好的沟通机制,定期交流,及时了解孩子在幼儿园的学习和生活情况,同时向老师反馈孩子在家中的表现和需求。

(2)积极参与幼儿园活动:家长应该积极参与幼儿园的各项活动,如家长会、亲子活动、志愿者活动等,以了解幼儿园的教育理念和教学模式,同时与老师和其他家长建立良好的沟通关系。

(3)统一教育理念:家长和幼儿园老师应该统一教育理念,以培养孩子的全面发展和个性特长为共同目标,共同商讨教育计划和措施。

(4)鼓励孩子参与社区活动:家长可以带领孩子参加社区的各种活动,如社区文化节、运动会、环保活动等,以培养孩子的社会责任感和团队协作精神。

(5)建立家庭教育记录:家长可以建立家庭教育记录,记录孩子在家庭中的表现和进步,以及家长对孩子的期望和教育措施,以便与幼儿园老师进行更好的沟通和协作。

(6)建立合作伙伴关系:幼儿园和家长应建立紧密的合作伙伴关系,共同参与孩子的教育过程。可以通过家长会、座谈会、问卷调查等方式,收集和了解家长对幼儿园教育的期望和建议,同时向家长传达幼儿园的教育理念和教育方式。

(7)共享教育资源:幼儿园和家长应共享教育资源,包括幼儿园的设施、材料和课程内容。这样可以让幼儿园教育更加贴近孩子的生活,也让家庭教育更有针对性和效果。

(8)促进亲子互动:幼儿园可以安排一些亲子活动,如亲子运动会、亲子游园会等,让家长和孩子一起参与其中,促进亲子互动和家庭教育。

(9)关注孩子的全面发展:幼儿园和家长应关注孩子的全面发展,包括知识技能、运动技能、语言能力、社交能力、情感发展等。可以通过多样化的活动和课程,培养孩子的全面素质和综合能力。

(10)尊重孩子的个性和兴趣:每个孩子都有自己的个性和兴趣,幼儿园和家长应根据孩子的特点进行个性化的教育和培养。可以通过观察和交流,了解孩子的兴趣和特长,为他们提供适当的支持和指导。

总之,家园合作需要幼儿园和家长共同努力,通过良好的沟通、协作和计划,建立起相互信任、相互支持的合作关系,共同促进孩子的全面发展。同时,也要尊重孩子的个性和兴趣,以培养其创新意识和实践能力为目标,共同为孩子的未来发展打下坚实的基础。

## 二、“家园社互动——亲子阅读启蒙”案例分析

### （一）活动背景

在这个信息化、知识化的时代，早期阅读对于孩子的成长和发展具有至关重要的作用。为了培养孩子的阅读兴趣和阅读能力，提升亲子关系，合理利用家长教育资源，促进社区2—3岁家长育儿水平，树立科学育儿观念，使家长认识到阅读习惯培养的重要性，我园将开展早期阅读知识进社区培训活动。

### （二）活动目的

通过活动，针对社区2—3岁家长展开培训，使家长认识到育儿知识的重要性，能够掌握简单的育儿方法。

通过培训，让家长对亲子阅读有进一步的了解。

### （三）活动过程

准备阶段：

(1)邀请园内家长作为活动讲师。

(2)通过社区、幼儿园公众号等渠道，向园内外家长宣传活动情况，邀请家长积极参与。

(3)安排合适的场地和时间，为活动做好充分准备。

图附-3　活动前准备

活动阶段：

(1)绘本分享。

(2)互动交流：家长和孩子互相提问、交流阅读心得等，促进亲子之间的互动和沟通。

图附-4　家长阅读

## (四)结束阶段

活动结束时,策划者对活动的目的、意义进行了总结,并对家长和幼儿的参与表示感谢。同时,还鼓励家长继续关注孩子的阅读教育,加强家园合作。

图附-5　活动颁奖

## (五)活动效果

(1)家长们了解到阅读对孩子们的重要性。

(2)亲子之间的互动和沟通得到了加强,促进了亲子关系的和谐发展。

(3)家园社合作得到了进一步的深化,家长对幼儿园教育工作的了解和认同度得到了提升。

## （六）总结与反思

本次活动取得了很好的效果，但也存在一些不足之处，例如，有家长对绘本不够熟悉，需要更多的时间来适应；有些家长对活动的参与度不够高，需要进行更多的宣传和引导。针对这些问题，今后的活动中应加强策划和组织，提高活动的针对性和有效性。

通过本次活动，我们深刻认识到早期阅读对于孩子成长的重要性。在今后的工作中，我们应该加强家园合作，共同推进孩子的阅读教育。同时，还要注重培养孩子的阅读习惯和自主阅读能力，为他们的未来发展打下坚实的基础。

图附-6　家长参与活动现场情况

## （七）提出教育建议

（1）确定合适的阅读时间和频率：家长应该根据孩子的年龄和阅读兴趣，确定合适的阅读时间和频率。一般来说，每天至少要花二三十分钟时间与孩子一起阅读。在频率上，可以根据孩子的实际情况来调整，例如每周进行1—2次亲子阅读。

（2）选择适合孩子的读物：对于年龄较小的孩子，可以选择一些画面丰富、情节简单的绘本或者故事书；对于年龄较大的孩子，可以选择一些适合他们年龄段的书籍，例如科普读物等。在选择读物时，要注重质量而非数量，确保孩子能够从中获得知识和乐趣。

营造良好的阅读环境：在阅读时，要确保孩子处于安静、舒适的环境中，避免外界干扰。可以选择在沙发上或者安静的角落里进行亲子阅读，让孩子感受到阅读的氛围。

(3)注重互动和交流:在亲子阅读过程中,家长要与孩子保持互动和交流,例如讨论书中的情节、分享自己的阅读心得等。互动和交流可以增强孩子对阅读的兴趣和提升参与度。

(4)培养自主阅读能力:在亲子阅读过程中,要注重培养孩子的自主阅读能力。家长可以引导孩子自己看图、读文字,鼓励他们用自己的语言来表述书中的内容。同时,还可以教孩子使用字典、笔记本等辅助工具,提高他们的阅读能力和自我学习能力。

(5)多元化阅读方式:除了传统的纸质书籍,还可以尝试其他形式的阅读,多元化的阅读方式可以让孩子从多个角度来感受阅读的魅力。

总之,提高亲子阅读的效果需要家长长期坚持并不断调整方法,注重孩子的兴趣和需求,让他们在阅读中获得知识和快乐。

## 三、“我们一起来种植”案例分析

### (一)案例描述

在环保日到来之际,为了增强孩子们的环保意识和团队合作精神,幼儿园决定与家长们共同开展一次种植活动。这次活动的主要目标是让孩子们学会关心植物的生长,培养他们的观察能力和协作能力。

教师在班级家长群中发布“我们一起来种植”活动的消息,并详细介绍了活动的计划和需要家长们协助的事项。他们计划在班级的花园里种植各种植物,并邀请家长们参与。

活动前教师、家长和孩子们一起通过不同的方式了解各种植物的生长环境和生长过程,让孩子们了解了植物对环境的重要作用。孩子们来到幼儿园里通过谈话活动推荐自己想要种植的植物。

在活动当天,家长和幼儿收集并带来了各种各样的工具和种子,孩子们一起挖土、播种、浇水。在这个过程中孩子们乐此不疲。在接下来的日子里,孩子们每天都迫不及待地跑去自然角看他们的植物。他们观察植物的生长变化,并记录在自己的观察日记里。同时,家长们也积极参与了植物的照顾和管理工作,与孩子们一起分享乐趣。

最终，这个花园成为一个美丽的绿色空间，也成为孩子们学习环保知识和团队合作的乐园。

1.装泥土

2.刨土

3.选种子

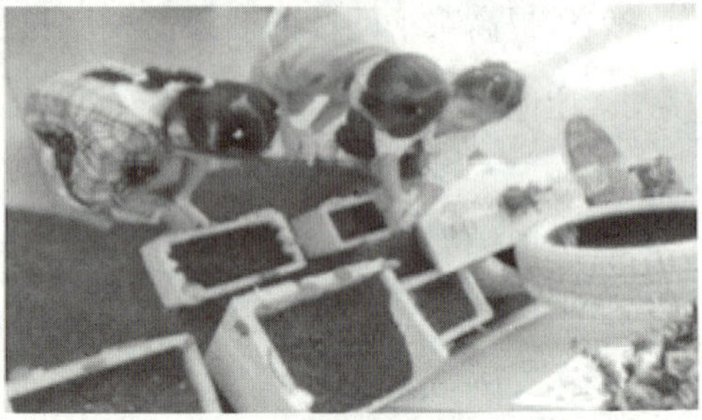

4.播撒种子

5.种子发芽

6.收获成功

7.图说分享收获

图附-7

## （二）案例分析

这个案例成功的原因主要有以下几点：

(1)目标和计划明确：教师明确了通过植物种植活动来增强孩子们的环保意识和团队合作精神的目标，并制订了详细的计划。

(2)家长的积极参与：教师积极邀请家长们参与，并在活动中充分发挥了他们的作用，让家长成为孩子们的榜样和合作者。

(4)充分利用社区资源：教师充分利用了幼儿园周围的资源，如家长们的工具和种子等，让孩子们了解到资源共享和再利用的重要性。

(5)关注孩子们的体验：教师关注孩子们在活动中的体验和感受，鼓励他们主动去观察、记录和分享自己的发现，激发了孩子们的学习兴趣和自信心。

## （三）案例反思

通过这个案例，我们可以看到日常家园共育的重要性和潜力。这种活动不仅增强了孩子们的环保意识和团队合作精神，还促进了家长和教师之间的合作和交流。

然而，这种活动也需要更多的协调和支持。例如，在活动策划阶段，教师可以和家长一起商讨活动的细节和安排，充分听取家长的意见和建议。同时，幼儿园可以提供更多的资源支持，如园艺专家的讲座、植物种植培训等，帮助教师和家长更好地开展此类活动。

总之，通过日常家园共育活动，我们可以更好地促进孩子们的全面发展，增强他们的环保意识和团队合作精神。这种模式值得我们继续探索和实践。

## （四）教育建议

(1)参与幼儿园自然角的创设：家长可以协助幼儿园搜集自然材料，如树枝、树叶、花朵等，为自然角的创设提供丰富的素材。同时，家长还可以和孩子一起制作一些自然角的装饰，如种植植物介绍卡片（生长环境、喜欢什么、不喜欢什么等）、用树枝和树叶制作成拼图等。

(2)参与自然角的管理和维护：家长可以协助幼儿园管理自然角，如定期为植物浇水、修剪，保持自然角的整洁和美观。同时，家长还可以和孩子一起观察自然角中的生物和现象，如昆虫的蜕变、植物的成长等，并做好记录。

(3)协助幼儿进行自然角活动:家长可以帮助幼儿在自然角进行各种活动,如观察、探索、制作等。同时,家长还可以和孩子一起阅读有关自然的书籍或文章,帮助幼儿了解自然知识和现象。

(4)参与自然角的评价和反思:家长可以参与自然角的评价和反思活动,对自然角创设的目的、内容、管理等提出自己的意见和建议。同时,家长还可以和幼儿园一起探讨如何更好地发挥自然角的教育作用,促进幼儿的全面发展。

总之,幼儿园自然角的创设能帮助幼儿更好地了解自然、探索自然、爱护自然,并通过家园合作的形式促进幼儿的全面发展。家长可以通过多种方式参与自然角的工作,为幼儿的发展做出贡献。

# 参考文献

[1]陈鹤琴.家庭教育——怎样教小孩[M].北京:教育科学出版社,1994.

[2]李生兰.幼儿家庭教育[M].2版.上海:上海教育出版社,2000.

[3]李生兰.比较学前教育[M].上海:华东师范大学出版社,2000.

[4]李生兰.幼儿园与家庭、社区合作共育的研究[M].上海:华东师范大学出版社,2003.

[5]周晓兰.家园活动设计:走进地球村(大班)[J].早期教育,2002(4).

[6]杨宇,樊永华.幼儿社会教育与活动指导[M].长沙:中南大学出版社,2021.

[7]孙立双.学前儿童家庭与社区教育[M].北京:北京出版社,2014.

[8]周雪艳.学前儿童家庭与社区教育[M].上海:复旦大学出版社,2012.

[9]张月琴.促进幼儿园多元文化教育的协同行动研究[D].金华:浙江师范大学,2016.

[10]周宗清.幼儿园社会教育与活动指导[M].武汉:华中师范大学出版社,2012.

[11]付艳丽.幼儿园活动设计[M].西安:西安电子科技大学出版社,2017.

[12]陈帼眉.学前心理学[M].北京:人民教育出版社,1989.

[13]楼晏卿.幼儿园利用家庭和社区资源进行民俗传统节日教育的研究[D].上海:华东师范大学,2010.

# 参考答案

## 项目一

**【直通赛证】**

材料分析题

【解析】李老师引导涛涛在玩游戏时注意与同伴分享的教育行为，符合我国《中小学教师职业道德规范（2008年修订）》对教师的要求，值得推广和学习。《中小学教师职业道德规范（2008年修订）》包括爱国守法、爱岗敬业、关爱学生、教书育人、为人师表和终身学习。幼儿教师作为教师队伍中的一员，具备以上教师应有的师德修养是从教最基本的要求。

首先，李老师的行为符合关爱学生的要求。关爱学生是师德的灵魂，它要求教师要关心爱护全体学生，尊重学生人格，平等公正对待学生。对学生严慈相济，做学生良师益友。保护学生安全，关心学生健康，维护学生权益。不讽刺、挖苦、歧视学生。材料中，李老师面对涛涛"只顾自己的感受"和任性，并没有进行批评，而是引导涛涛先去拼图再玩积木，在拼图的过程中注意引导涛涛向其他小朋友分享自己的成果，促使其主动和其他小朋友合作，体现了对幼儿的关心和爱护，践行了做幼儿的良师益友的职业道德。

其次，李老师的行为符合教书育人的要求。教书育人是教师的天职，它要求教师要遵循教育规律，实施素质教育。循循善诱，诲人不倦，因材施教。培养学生良好品行，激发学生创新精神，促进学生全面发展。材料中，李老师针对涛涛不会与伙伴分享的行为，并非简单粗暴地进行呵斥和制止，而是通过玩游戏来引导他，帮助其体会和其他小朋友分享的快乐，学会交流和分享，促进涛涛身心的全面健康发展。

总之，李老师的行为既做到了关爱幼儿，又善于引导幼儿养成良好品行，做到了关注一个孩子的发展，是值得学习的榜样。

## 项目二

**【直通赛证】**

一、选择题

1.C。【解析】《学生伤害事故处理办法》第三章第二十八条中规定："未成年学生对学生伤害事故负有责任的，由其监护人依法承担相应的赔偿责任。学生的行为侵害学校教师及其他工作人员以及其他组织、个人的合法权益，造成损失的，成年学生或者未成年学生的监护人应当依法予以赔偿。"题干中，小刚将小华推倒摔伤，小刚对伤害事故负有责任。因此，对小华所受伤害，应承担赔偿责任的是小刚的父母。故C项正确。

2.D。【解析】作为教师应该具备良好的职业心理素养，主要包括：(1)良好的情感特征。热爱教育事业和关心学生的程度对学生的发展影响极大。爱心是教育的前提。(2)积极稳定的情绪特征。教师的工作性质使得其情绪波动会直接影响学生，因此，教师在任何时候都应以积极稳定的情绪状态投入教育活动中，积极调适不良情绪。(3)良好的性格特征。教师应该保持积极乐观的人生态度、开朗豁达的良好性格和对己对人的宽容态度。题干中，斌斌妈妈的投诉影响了丁老师的情绪，而丁老师未能积极调适不良情绪，训斥了斌斌。因此，丁老师的做法是不合理的，作为教师应具备较强的情绪调适能力。

二、论述题

答案略。

## 项目三

**【直通赛证】**

材料分析题

【解析】材料中周老师的教育行为符合教师职业道德规范。

(1)周老师的教育行为体现了关爱学生。关爱学生要求教师要关爱全体学生，平等公正地对待每一位学生，关心学生的健康，保护学生的安全，对学生严慈相济，做学生的良师益友。材料中，周老师经常在班上组织"娃娃家"游戏，扮演"妈妈"的角色，让幼儿体验到母爱。

(2)周老师的教育行为体现了教书育人。教书育人要求教师要循循善诱、因材施教、诲人不倦，培养学生的良好品行，激发学生的创新精神，促进学生的全面发展。材料中，周老师教会妮妮洗手的方法，帮助妮妮养成良好的卫生习惯，发现妮妮喜欢看书后，就经常给她讲故事、念儿歌。

(3)周老师的教育行为体现了为人师表。为人师表要求教师要坚守高尚情操，以身作则，尊重家长，作风正派，廉洁奉公。材料中，周老师主动陪伴留守儿童，主动与家长沟通，进行无偿教育。

(4)周老师的教育行为体现了爱岗敬业。爱岗敬业要求教师甘为人梯，勤恳敬业，乐于奉献。对工作高度负责，认真备课、认真上课、认真批改作业、认真辅导学生，不得敷衍塞责。材料中，周老师了解到妮妮父母在外地打工，通过电话沟通的方式让家长增加对妮妮的关爱。

(5)周老师的教育行为体现了终身学习。终身学习要求教师要树立终身学习的理念，拓宽自己的知识视野，更新自己的知识结构，不断提高专业素养和教育教学水平。材料中，周老师认识到自己对幼儿的心理特点了解不够，难以解决实践中出现的问题，主动参加培训学习。

综上所述，作为教师，应当积极地践行教师职业道德规范，以高尚的师德促进每一位幼儿的身心健康发展。

## 项目四

**【直通赛证】**

### 一、简答题

(1)社区开阔儿童视野和促进其身心和谐发展。社区是社会大环境与学前教育关系最密切的一部分。带儿童到社区开展教育活动，能实现合作共育，实现教育效果最大化。

(2)社区环境具有教育作用，将幼儿园教育扩展到社区，不仅扩大了幼儿园教育的空间，还丰富和深化了教育内容。

(3)社区资源具有教育作用，儿童教育事业的发展需要广泛动员社会各方面的力量，社区能为幼儿园提供教育所需要的人力、物力、财力、教育场所等多方面的支持。

(4)社区文化的教育作用，社区文化无形地影响着幼儿园的教育，一般来说，精神文化建设较好的社区，幼儿园的园风相对较好，教育质量也比较高。

二、论述题

答案略

## 项目五

**【直通赛证】**

一、选择题

1. C。【解析】幼儿的主体性包括独立性、主动性、创造性等。主动性也称为自主性，指幼儿对外界事物或活动有积极的反应，不是被动地等待外界的刺激，而是主动地去探索和发现。活动快结束时，晨晨由于“游乐园”还没有搭完，他主动跑到老师面前请求多留一点时间，而不是被动地等着老师来催，体现了幼儿主体性特征的主动性，即自主性。因此，C项正确。

2. B。【解析】①素质教育以提高国民素质为根本宗旨；②素质教育是面向全体学生的教育；③素质教育是促进学生全面发展的教育；④素质教育是促进学生个性发展的教育；⑤素质教育是以培养学生的创新精神和实践能力为重点的教育。素质教育面向全体学生，倡导人人有受教育的权利，强调在教育中使每个人都得到发展，而不是只注重一部分人的发展，更不是只注重少数人的发展。题干中王老师每次在开展表演游戏时总让组织能力强的小林扮演主角，体现了老师没有做到面向全体学生，公平对待每一个学生。因此，B项正确。

3. A。【解析】发现玲玲咬人，张教师应该耐心对待，帮助玲玲分析原因，采取适宜的教育，以免向不良的行为习惯转化。可以让玲玲向被咬的小朋友道歉，创造一个直观的氛围让玲玲了解咬人带来的后果，同时根据不同的原因指导玲玲学习一些交往技巧。题干中，从教师指导者作用的角度来看，张老师应该帮助幼儿解决问题。因此，A项正确。

4. D。【解析】李老师将自己画好的“小汽车”贴在墙上，要求孩子们照着画，并严厉地批评小明画有小翅膀的汽车。题干当中并没有提到画画是小明的特长，因此并没有体现忽略了对幼儿特长的培养。本题为选非题，因此，D项当选。

二、材料分析题

1.材料中家长的观念过于小学化。没有正确理解幼小衔接的含义及意义。

(1)幼小衔接是长期性工作非突击性工作，幼儿园教育是终身教育的重要组成部分，更为幼儿的终身发展打下基础，所以要将幼小衔接工作贯穿于幼儿园小中大各个阶段，不仅仅是大班后期。材料中家长在幼儿园大班急切想让园所增加算术、识字等教学内容只是进行突击性教学。

(2)幼小衔接是整体性工作而非单向性工作。幼小衔接是全面素质教育的重要组成部分，应从幼儿德、智、体、美、劳各方面全面进行，内容涉及幼儿发展各个方面，避免把幼小衔接等同于教幼儿认字、学拼音、学算术，进行片面发展。材料中家长想让园所减少游戏时间，增加算术、识字等教学内容只是单向性教学、片面教学。

(3)幼小衔接工作是培养入学适应性，而非小学化。幼小衔接工作主要是为了培养对小学生活的热爱和向往，让幼儿能够适应小学生活，并非提前教授小学知识，进行小学化教学。材料中家长只是要求园所教授小学知识，没有提出培养适应性。

2.提出解决措施如下：

(1)教师应给予家长幼小衔接合理科学的方法，并帮助家长为儿童做好入学准备，引导家长将幼小衔接的重点放在培养小学生活的社会适应性上，放在培养幼儿的主动性、独立性、规则意识、人际交往能力以及增强幼儿的体质，帮助幼儿更快适应小学生活上。

(2)园所应多组织有关幼小衔接的家长座谈会、专家讲座等专门活动，帮助家长转变幼小衔接的观念，引导家长着重培养幼儿对小学生活的热爱和向往。

(3)教育行政部门加强对幼儿园和小学的管理。幼小衔接工作离不开行政部门的管理，不管是对幼儿园，还是对小学，都应加强管理，让双方在重视阶段性的同时，千万不能忽视阶段之间的过渡。

## 项目六

**【直通赛证】**

### 一、面试

答案略。

### 二、论述题

幼儿园的一日生活是指幼儿园满足幼儿一天基本生活所需的所有活动，包括生活活动、游戏活动、教学活动三大部分。教师要充分重视幼儿的一日生活，做好保育和教育工作。

(1)《3—6岁儿童学习与发展指南》中指出“幼儿的学习是以直接经验为基础，在游戏和日常生活中进行的。要珍视游戏和生活的独特价值”。幼儿园一日生活的每一个环节都蕴含着巨大的教育价值，给幼儿的学习与发展提供了丰富的契机。如语言领域在“倾听与表达”中提出幼儿“愿意讲话并能清楚地表达”，在入园、离园环节引导幼儿大方地和父母、老师、同伴打招呼，愿意与他人交谈。

(2)《幼儿园教育指导纲要(试行)》指出教育活动内容的组织应充分考虑幼儿的学习方式和特点，注重综合性、趣味性，寓教育于生活、游戏之中。幼儿从入园到离园的各个环节(如饮食、盥洗、游戏、散步、卫生等)都是幼儿的学习内容，因此幼儿教育与幼儿的生活密切相连，应通过生活活动促进幼儿身体、认知、情感和社会性各方面的发展。

(3)幼儿园教育要注重生活教育化和一日生活整体性的原则。根据学前儿童生理、心理的特点，对儿童的教育要特别注重生活化并发挥一日生活的整体功能。教育生活化，也就是说要将富有教育意义的生活内容纳入课程。例如，根据某个易发传染病的情况，开设健康领域的活动，让幼儿学会预防传染病的方法。生活教育化也就是将学前儿童在日常生活中已获得的原经验，加以系统化、条理化，在生活中适时引导，促进学前儿童发展。例如：在幼儿如厕、盥洗时引导幼儿节约用水。通过生活来学习生活，学习与生活相互交融，学习、生活、发展三位一体，就是幼儿学习最大的独特之处。

总之，幼儿园一日生活每一环节都蕴含着重要的教育价值，教师要最大限度地支持和满足幼儿发展的需求，把教育目标渗透到一日生活的各种活动中，发挥一日活动的整体性功能。

## 项目七

**【直通赛证】**

### 一、选择题

1. C。【解析】幼儿玩耍中，会无意间将小物件塞入鼻孔，形成鼻腔异物。鼻腔异物以花生米、豆子、果核为多见。幼儿鼻腔异物可能引起长时间鼻塞、鼻涕带血丝。急救方法如下：(1)不可用镊子去夹异物，特别是圆形的异物，可能使异物深陷，落入气管，非常危险。(2)可让幼儿按住无异物的鼻孔，用力擤鼻，使异物排出，也可用棉花捻或纸捻刺激幼儿的鼻黏膜，使其打喷嚏，将异物排出。故正确答案为C。

2. A。【解析】幼儿骨骼有机物多、无机盐少，柔韧性大而强度低，容易变形。幼儿骨骼中所含有机物比成人多，无机盐比成人少，故骨骼弹性大、可塑性强，容易变形。一旦发生骨折，常会出现折而不断的现象，称为“青枝骨折”。因此幼儿容易因不正确的姿势或其他原因导致骨骼变形。所以教师应要求幼儿保持正确的站姿和坐姿，防止骨骼变形。A项正确。

3. D。【解析】情绪的自我调节化的发展趋势是指情绪越来越受自我意识的支配。随着年龄的增长，儿童对情绪过程的自我调节越来越强。这种发展趋势表现在以下三个方面：(1)情绪的冲动性逐渐减少。(2)情绪的稳定性逐渐提高。(3)情绪从外露到内隐。幼儿情绪自我调节能力越来越强。题干中，小军“我不怕！我不哭！我是男子汉！”是运用语言表达的方式来自我调节不愉快的刺激，符合情绪的自我调节。D项正确。

4. B。【解析】《托儿所幼儿园卫生保健工作规范》中提出：1—3岁儿童每年健康检查2次，每次间隔6个月；3岁以上儿童每年健康检查1次。B项正确。

二、材料分析题

1.出现该现象的原因主要有：

①父母的惩罚。在生活中，父母的育儿态度体现出专制、惩罚的行为，幼儿会进行模仿，导致在游戏中出现。材料中豆豆的行为体现了家庭因素的影响。②榜样。电视上的攻击性镜头会增加幼儿以后的攻击性行为。材料中豆豆的做法可能来源于对电视的模仿。③个体因素。由于幼儿的个性以及情感、社会性等不同，幼儿在对游戏的兴趣和游戏的风格等方面也会表现出不同。材料中的豆豆体现出对布娃娃的攻击性行为，与自身的气质类型、交往方式有关系。④挫折。挫折是幼儿引起攻击性行为的直接原因，孩子在生活中遭到不公平待遇就会产生挫折感，材料中豆豆对布娃娃采取了攻击性行为，可能是受到了挫折，无处发泄内心情绪，于是宣泄在布娃娃身上。⑤强化因素。幼儿可能在家的时候就已经出现了这样的行为，但是父母并未理会，所以导致了幼儿打人的行为增加，在幼儿园又出现了相似行为。

2针对该情况，教师可以采取以下几种做法：

①教师应及时进行指导并介入幼儿游戏。教师可以用平行游戏法指导游戏，也可以以游戏中的角色身份加入游戏，在与儿童游戏的过程中达到指导的目的。②以关怀、接纳、尊重的态度与幼儿交往。耐心倾听，努力理解幼儿的想法与感受。关注幼儿平时的表现，尽量满足儿童合理的心理需要，减少其受挫心理。③善于发现游戏中所隐含的教育价值，把握时机，积极引导。面对孩子类似的情况，教师应在充分观察的前提下，引导幼儿学习正确对待他人的方式和方法。④努力提供宣泄内心压力的多种形式和途径，减少对攻击性行为的模仿与强化。成人应提高自身素质，为儿童树立榜样，避免简单粗暴地对待儿童。⑤关注该幼儿的特殊需要和发展障碍，与家庭密切配合，必要的情况下可采取家访的方式，进一步了解家庭教养方式，并帮助家长树立正确的教养方式，共同促进幼儿健康成长。

笔记

笔记

笔记

笔记